# भारत का संवैधानिक विकास

## ( 1773 ई० से 1950 ई० )

विवेचनात्मक अध्ययन

मानिक लाल गुप्त

ATLANTIC

PUBLISHERS & DISTRIBUTORS (P) LTD

प्रकाशक:
**एटलांटिक पब्लिशर्स एण्ड डिस्ट्रीब्यूटर्स (प्रा.) लि.**
7/22, अन्सारी रोड, दरियागंज, नई दिल्ली-110002
दूरभाष : +91-11-40775252, 23273880, 23275880, 23280451
फैक्स : +91-11-23285873
ई-मेल : orders@atlanticbooks.com
वेबसाइट : www.atlanticbooks.com

शाखा कार्यालय :
5, नालाथम्बी स्ट्रीट, वालाजाह रोड, चेन्नई-600002
दूरभाष : +91-44-64611085, 32413319
ई-मेल : chennai@atlanticbooks.com



मुद्रक : नाईस प्रिंटिंग प्रेस, ए-33/3-ए, साईट-IV, साहिबाबाद औद्योगिक क्षेत्र, गाजियाबाद, यू॰पी॰

---

**BHARAT KA SAMVEDHANIK VIKAS** (in Hindi)
By *Manik Lal Gupta*

*सादर समर्पित*

**राष्ट्रपिता महात्मा गांधी**

(मोहनदास करमचन्द गांधी)

जिन्होंने अपने विचारों एवं कार्यों से भारतीय जन-समुदाय को आंदोलित कर भारत को ब्रिटिश दासता से स्वतंत्रता दिलाई और भारतीयों को अपना स्वनिर्मित संविधान प्राप्त करने हेतु गति प्रदान की थी तथा भारत को अंतर्राष्ट्रीय क्षितिज में गौरवपूर्ण स्थान प्राप्त करने के लिए प्रेरित किया था।

"भाग्य चक्र किसी न किसी दिन अंग्रेजों को अपना भारतीय साम्राज्य छोड़ने के लिए विवश करेगा। मगर किस प्रकार का भारत वे छोड़कर जायेंगे, कितनी भयंकर गरीबी होगी?
जब शताब्दियों पुराने प्रशासन का प्रवाह सूख जायेगा
तब वे किस तरह की बेकार कीचड़ व
गन्दगी अपने पीछे छोड़कर जायेंगे?"

रवीन्द्रनाथ टैगोर

# प्राक्कथन

प्रस्तुत कृति, *भारत का संवैधानिक विकासः विवेचनात्मक अध्ययन* (1773 ई. से 1950 ई.), रेग्युलेटिंग एक्ट से लेकर भारतीय गणतन्त्र के संविधान तक के क्रमिक इतिहास का उद्‌घाटन करती है तथा विषय सामग्री को स्तरीय ढंग से विवेचित करने के प्रयास मे संलग्न है। निस्सन्देह स्तरीय ढंग की पुस्तकों का हिन्दी माध्यम में प्रायः अभाव है; स्नातकोत्तर व प्रतियोगी परीक्षाओं में विद्यार्थियों की कठिनाइयों को समझते हुये पुस्तक का लेखन किया गया है। भारत के संवैधानिक विकास व सत्ता हस्तांतरण तथा भारतीय संविधान से सम्बन्धित नवीनतम् अनुसन्धानों और नूतन विचारों को गृहीत करते हुये अपने स्वतंत्र विचार भी व्यक्त करने का प्रयास इस कृति में निहित है। भारत के संवैधानिक ढांचे में समयानुरूप होने वाले विविध परिवर्तनों का क्रमबद्ध सर्वांगीण अध्ययन का विवेचन इस कृति की विशेषता है। विवेचन में नवीन सामग्री-संयोजन, नवीन विचार-सग्रंथन और नवीन ऑकलन लेखक के प्रधान अभीष्ट रहे हैं। इसमें सम्पूर्ण ब्रिटिश काल में हुए संवैधानिक विकास का विश्लेषण अत्यन्त प्रमाणिक ढंग से प्रस्तुत किया गया है।

पुस्तक के लेखन में लखनऊ विश्वविद्यालय व छत्रपति शाहुजी महाराज विश्वविद्यालय, कानपुर के पुस्तकालयों के अध्यक्ष व कर्मचारियों ने विशेष सहायता की व अध्ययन सामग्री को सुलभ कराया, इसके लिये मैं उनका कृतज्ञ हूँ; मेरे लिए मित्रों ने भी इस पुस्तक की रचना में अनेक प्रकार से योगदान किया है, उनके प्रति आभार प्रकट करना मेरा पुनीत कर्त्तव्य है।

पुस्तक विद्यार्थियों व परीक्षार्थियों के लिये अधिकाधिक उपयोगी व लाभप्रद हो, इसका विशेष ध्यान रखा गया है। यदि विद्यार्थी-समुदाय इस पुस्तक की त्रुटियों को संज्ञान में लायेंगे, मैं कृतज्ञ रहूँगा।

**मानिक लाल गुप्त**

# विषयानुक्रम

**परिशिष्ट**

# ऐतिहासिक परिप्रेक्ष्य

महारानी एलिजाबेथ प्रथम द्वारा अनुमोदित चार्टर के अन्तर्गत दिसम्बर 1600 ई. में 'द गवर्नर एण्ड कम्पनी ऑफ मर्चेण्ट्स ऑफ लन्दन ट्रेडिंग इनटू द ईस्ट इंडीज' नामक एक व्यापारिक संघ का गठन किया गया, जिसका उद्देश्य पूर्वी द्वीप समूह से मसाले तथा काली मिर्च की प्राप्ति था। कैप्टन विलियम हॉकिन्स को मुगल बादशाह अकबर के नाम जेम्स प्रथम (इंग्लैण्ड के राजा) का पत्र देकर भेजा गया। हॉकिन्स सूरत में उतर गया और फिर सूरत से मुगल दरबार (आगरा) 1608 ई. में पहुँचा। वह मुगल बादशाह जहांगीर से सूरत में फैक्ट्री की स्थापना की अनुमति प्राप्त करने में असफल रहा।

1611 ई. में कैप्टन मिडल्टन ने सूरत के निकट स्वाली में पुर्तगालियों को पराजित करते हुये अंग्रेजों की सफलता का नवीन अध्याय प्रारम्भ किया; इस सफलता से उत्साहित होकर तत्कालीन मुगल गवर्नर ने सूरत में जहांगीर के फरमान द्वारा व्यापार करने की अनुमति अंग्रेजों को दी।

ब्रिटिश शासक जेम्स प्रथम के दूत के रूप में थॉमस रो का आगमन कम्पनी के इतिहास में एक निर्णायक घटना थी। वह 1615 ई. से 1618 ई. तक मुगल दरबार में रहा और उसने साम्राज्य के विभिन्न भागों में व्यापार करने और दुर्गीकरण करने की अनुमति प्राप्त कर ली थी। इसी के तदन्तर भारत में अंग्रेजी कम्पनी ने व्यापक स्तर पर अपना विस्तार किया।

अंग्रेजों ने पश्चिमी क्षेत्र में 1608 ई. में सूरत में फैक्ट्री स्थापित की थी; इसके नियन्त्रण में 1619 ई. में अहमदाबाद, बड़ौदा, भड़ौच व आगरा में व्यापारिक केन्द्र स्थापित किये। पुर्तगालियों ने 1668 ई. में अपनी राजकुमारी कैथरीन ऑफ ब्रेगेंजा की शादी ब्रिटिश शासक चार्ल्स द्वितीय के साथ सम्पन्न कर बम्बई उपहार स्वरूप अंग्रेजों को दे दिया। 1669 ई. के मध्य बम्बई के प्रथम गवर्नर के रूप में गैरोल अंगियार ने बम्बई की वास्तविक स्थापना की। 1687 ई. तक बम्बई पश्चिमी तट का सर्वप्रमुख केन्द्र हो गया।

दक्षिणी-पूर्वी तट पर अंग्रेजों ने पहली फैक्ट्री 1611 ई. में मसुलीपट्टम में स्थापित की थी। मद्रास क्षेत्र में पुलिकट के निकट अम्रगांव में 1626 ई. में अंग्रेजों ने राजा की अनुमति पर एक दुर्गीकृत फैक्ट्री का निर्माण कराया, जिसे सेंट जार्ज किला नाम दिया गया। कोरोमंडल तट पर मद्रास प्रमुख केन्द्र बन गया था।

ने राजा की अनुमति पर एक दुर्गीकृत फैक्ट्री का निर्माण कराया, जिसे सेंट जार्ज किला नाम दिया गया। कोरोमंडल तट पर मद्रास प्रमुख केन्द्र बन गया था।

पूर्वी भारत के बंगाल, बिहार व उड़ीसा राज्यों में अंग्रेजों ने अपनी फैक्ट्री स्थापित की; 1683 ई. में हरिहरपुर, बालासोर एवं पिपली में कारखाने स्थापित किये गये। 1657 ई. में हुगली तट पर एक फैक्ट्री निर्मित की गई। तत्पश्चात् पटना, कासिम बाजार, ढाका में फैक्ट्री स्थापित हुई। सुतानाती में 1690 ई. में जॉब चारनाक ने एक फैक्ट्री स्थापित की। सुतानाती, कलिकाता और गोविन्दपुर गांवों की जमींदारी 1698 ई. में प्राप्त कर कलकत्ता की स्थापना हुई। 1700 ई. में कलकत्ता-संस्थापना में नवीन दुर्गबन्द कोठी को फोर्ट विलियम का नाम दिया गया। इसी वर्ष संवैधानिक रूप से बंगाल को मद्रास प्रेसीडेंसी से स्वतंत्र कर दिया गया और चार्ल्स आयर को इसका पहला अध्यक्ष बनाया गया।

1672 ई. में मुगल बादशाह औरंगजेब ने बंगाल में व्यापार के लिए कम्पनी को शाही फरमान दिया था। 1691 ई. में एक फरमान द्वारा औरंगजेब ने एक निश्चित रकम प्राप्त कर बंगाल में चुंगी रहित व्यापार की अनुमति अंग्रेजी कम्पनी को दी थी। 1717 ई. में जॉन सरमैन की अध्यक्षता में अंग्रेजी शिष्ट-मंडल मुगल बादशाह फर्रूखसियार से फरमान प्राप्त करने में सफल रहा, जिससे अंग्रेजी व्यापार का पथ-प्रशस्त होता गया; तब कम्पनी के बम्बई में निर्मित सिक्के सम्पूर्ण मुगल साम्राज्य में प्रचलित हो गये। फलस्वरूप अंग्रेजों ने शीघ्र ही अरब सागर और फारस की खाड़ी पर अपना एकाधिकार कर लिया। भारत से अंग्रेज वस्त्र, नील, शोरा, मसाले, मलमल, इत्यादि ले जाते थे। आरम्भ में अंग्रेजों द्वारा भारतीय वस्तुओं का बड़े पैमाने पर आयात किये जाने के कारण भारतीय दस्तकारी को बहुत लाभ पहुंचा। बड़े-बड़े भारतीय व्यापारी कम्पनी के मध्यस्थ व्यापारियों के रूप में काम करने लगे। अपनी समकालीन यूरोपीय तथा भारतीय शक्तियों को पराजित करने के बाद, अंग्रेजों ने भारत में अपना राजनीतिक प्रसार आरम्भ कर दिया, जिससे व्यापारिक आवश्यकतायें पूरी की जा सकें। इसी क्रम में अंग्रेज, भारत में मुगलों की वैकल्पिक शक्ति के रूप में उभरे। 1764 ई. तक बंगाल-विजय के बाद से तो अंग्रेजों ने ब्रिटिश औद्योगिक क्रान्ति की आवश्यकताओं के अनुरूप व्यापार को स्वरूप प्रदान किया।

# 1

# ईस्ट इण्डिया कम्पनी के साम्राज्य की स्थापना तथा उसका शासन

सोलहवीं शताब्दी में भारत अपने गौरव के चरमोत्कर्ष को प्राप्त था। भारत के वैभव की ख्याति विश्व में सर्वत्र थी। इसी से योरोप की विभिन्न जातियों (पुर्तगीज, डच, फ्रांसीसी और अंग्रेज) ने भारत के साथ व्यापारिक सम्बन्ध स्थापित करने के महत्व को स्वीकार किया था। भारतीय समृद्धि से आकर्षित होकर ही लन्दन के कुछ व्यापारियों ने भारत तथा पूर्वी देशों के साथ व्यापार करने हेतु लन्दन कम्पनी की स्थापना 1599 ई. में की थी। इसी कम्पनी को इंग्लैण्ड की महारानी ऐलिजाबेथ प्रथम ने 31 दिसम्बर 1600 ई. को शाही अधिकार पत्र (Royal Charter) प्रदान किया जिसके द्वारा इस कम्पनी को पूर्वी द्वीप समूह, एशिया, अफ्रीका आदि देशों के साथ व्यापार करने का अधिकार 15 वर्षों के लिए प्राप्त हुआ था।

**कम्पनी की व्यवस्था**–शाही अधिकार पत्र द्वारा कम्पनी की व्यवस्था का उत्तरदायित्व एक गवर्नर और 24 सदस्यों को सौंपा गया था। यही व्यापार दल का संगठन करते थे। उन्हें अपनी रक्षा व्यवस्था के अन्तर्गत सीमित सशस्त्र नाविक सेना भी रखने का अधिकार प्रदान किया गया था। कम्पनी का संविधान प्रजातन्त्रात्मक था। कम्पनी के सदस्य प्रतिवर्ष एक गवर्नर और 24 सदस्यों की समिति का निर्वाचन करते थे। यही समिति कालान्तर में संचालक मंडल कहलाने लगी। इसे कम्पनी की समुद्री यात्राओं, जहाजों, व्यापारिक माल आदि की व्यवस्था करनी होती थी। कम्पनी में कर्मचारियों हेतु अच्छे प्रशासन के अन्तर्गत वैधानिक शक्तियाँ प्रदान की गई थीं। सामान्यतया कोई भी अंग्रेज 100 पौंड देकर इस कम्पनी का सदस्य बन सकता था। प्रारम्भ में यह नियमित (Regulated) कम्पनी थी। 1657 ई. में यह संयुक्त साझेदारी का निगम (Joint Stock Corporation) कहलाने लगी। शनैः शनैः कम्पनी का प्रबन्ध करने हेतु स्वामियों की समिति (Court of Proprietors) और संचालकों की समिति (Court of Directors) संगठित हुई थी।

**कम्पनी का उत्कर्ष तथा उसके समक्ष आने वाली कठिनाइयां**–कम्पनी ने व्यापार को विस्तृत करने और उसे प्रगतिशील बनाने के लिए भारत में समुद्री तटों पर विभिन्न स्थानों में व्यापार केन्द्र स्थापित करने का प्रयत्न किया। कम्पनी द्वारा पहला व्यापारिक केन्द्र 1613 ई. में सूरत में स्थापित किया गया था। यह मुगल सम्राट जहांगीर का कम्पनी के ऊपर अनुग्रह का परिणाम था। इसके दो वर्ष उपरान्त सर थॉमस रो जहांगीर के दरबार में दूत बनकर आया जिसने जहांगीर की पुनः कृपा कम्पनी के उत्कर्ष हेतु प्राप्त की। फलस्वरूप 1619 ई. में मछलीपट्टम् में एक और व्यापारिक केन्द्र स्थापित कर दिया गया। 1640 ई. में मद्रास में सेंट जार्ज नामक किला निर्मित किया गया और इसके दस वर्ष पश्चात् कम्पनी को बंगाल के नवाब शुजा से बंगाल क्षेत्र में व्यापार और फैक्ट्रियाँ स्थापित करने का लाइसेन्स प्राप्त हुआ था। जॉब चारनाक ने 1690 ई. में वर्तमान कलकत्ता की नींव डाली थी। बम्बई द्वीप 1669 ई. में इंग्लैण्ड के राजा चार्ल्स द्वितीय से 10 पौंड वार्षिक किराये पर कम्पनी को प्राप्त हुआ था। इस प्रकार 17वीं शताब्दी के अन्त तक कम्पनी ने भारत के समुद्री तटों पर अपने केन्द्र स्थापित करके देश के अन्य भागों से व्यापार प्रारम्भ कर दिया था। इस समय मुगल साम्राज्य अपनी समृद्धि की चरम सीमा पर था। मुगल वैभव, गौरव सम्पूर्ण भारत में आच्छादित था। कोई स्वप्न में भी नहीं सोच सकता था कि यह छोटी–सी व्यापारिक कम्पनी भारत में अपना साम्राज्य स्थापित करेगी। 1707 ई. में औरंगजेब की मृत्यु के उपरान्त भारत की आन्तरिक परिस्थितियों में गम्भीर परिवर्तन हुआ। औरंगजेब के उत्तराधिकारी मुगल साम्राज्य को एक इकाई में बनाये रखने में विफल रहे। आन्तरिक प्रशासन क्षीण पड़ गया। विभिन्न शासक, नवाब, राजा, सामन्त आदि सत्ता अधिकृत करने और अपनी शक्ति को सुदृढ़ करने में सक्रिय हो गये। इस अव्यवस्था, संक्रमण काल में अंग्रेज कम्पनी ने अधिकाधिक लाभ उठाने का प्रयत्न किया। 1720 ई. तक मुगल साम्राज्य खंडित हो गया था। दिल्ली में नाम–मात्र के मुगल सम्राट रह गये थे। 1757 ई. तक पंजाब में सिख, दक्षिण में मराठे, हैदराबाद, मैसूर में नवाब आदि स्वतंत्र हो गये थे। मराठे अपना प्रभुत्व उत्तरी भारत में भी स्थापित करने का प्रयत्न करने लगे थे।

इस समय तक लन्दन की इस कम्पनी को अपने क्षेत्र में कड़ी प्रतिस्पर्धा करनी पड़ रही थी। इंग्लैण्ड में पूर्वी देशों से व्यापार करने के लिये कुछ अंग्रेजों ने अन्य कम्पनियाँ भी स्थापित की थीं, इसके अतिरिक्त अन्य यूरोपियन कम्पनियों से भी प्रतिस्पर्धा चल रही थी। 1694 ई. में कामन्स सभा ने यह पारित किया कि जब तक पार्लियामेन्ट निषेध न करे सभी अंग्रेजों को पूर्वी देशों के साथ व्यापार का अधिकार प्रदान किया जाता है। इस प्रस्ताव से व्यापार का एकाधिकार प्राप्त करने की शक्ति ताज (क्राउन) से निकल कर पार्लियामेन्ट के हाथों में

आ गई। 1709 ई. में लन्दन कम्पनी और नवीन कम्पनी को संयुक्त करके ईस्ट इण्डिया कम्पनी स्थापित कर दी गई। ईस्ट इण्डिया कम्पनी को प्रारम्भ में डच, पुर्तगीज, फ्रांसीसियों की कम्पनी से कड़ी प्रतिद्वन्द्विता करनी पड़ी। डच, पुर्तगीज की शक्ति शीघ्र ही क्षीण हो गई परन्तु फ्रांसीसियों से अगली अर्द्ध-शताब्दी तक ईस्ट इण्डिया कम्पनी का संघर्ष चलता रहा। 1761 ई. में वांडीवाश की लड़ाई में फ्रांसीसियों की प्रतिस्पर्धा का सदैव के लिए अन्त कर दिया गया। इस समय तक ईस्ट इण्डिया कम्पनी ने बंगाल, कर्नाटक में अपने पैर जमा लिये थे।

1756 ई. में बंगाल के नवाब सिराजुदौला ने ईस्ट इण्डिया कम्पनी की अवांछनीय कार्यवाहियों से (कम्पनी नवाब के शत्रुओं को संरक्षण देती थी) क्रुद्ध होकर फोर्ट विलियम कलकत्ता पर आक्रमण कर दिया, फलस्वरूप अंग्रेज-नवाब संघर्ष की पृष्ठभूमि निर्मित हो गई। अन्ततोगत्वा 1757 ई. में प्लासी का युद्ध हुआ जिसमें नवाब की पराजय हुई, अंग्रेजों ने मीर जाफर को बंगाल का नवाब घोषित किया। इस नवीन व्यवस्था से वास्तविक शक्ति ईस्ट इण्डिया कम्पनी के हाथों में आ गई। इस प्रकार ब्रिटिश प्रभुत्व की नींव प्लासी के युद्ध के परिणामस्वरूप पड़ी। 1764 ई. में मुगल सम्राट शाह आलम की सेनाओं के साथ कम्पनी की सेना का युद्ध बक्सर नामक स्थान पर हुआ, जिसमें मुगल सम्राट की पराजय हुई तथा अंग्रेजी कम्पनी को बंगाल, बिहार, उड़ीसा पर दीवानी का अधिकार प्राप्त हुआ (इलाहाबाद की सन्धि, 1765 ई.)। इस प्रकार कम्पनी को यथार्थ प्रभुसत्ता (de facto sovereignty) प्राप्त होने से भारत के विस्तृत, समृद्धिपूर्ण प्रदेश पर शासन करने का अधिकार मिल गया।

1765 ई. में ईस्ट इण्डिया कम्पनी ने प्राप्त क्षेत्र में द्वैध प्रणाली (dual system) स्थापित की थी। इस समय क्लाइव को भारत में अंग्रेजी प्रदेशों का मुख्य सेनापति तथा गवर्नर नियुक्त किया गया था। उसी ने बंगाल, बिहार, उड़ीसा में द्वैध प्रणाली स्थापित करने का प्रयत्न किया था। इसमें वास्तविक शक्ति तो कम्पनी के पास थी परन्तु प्रशासन का उत्तरदायित्व नवाब का था।

मुगल साम्राज्य में प्रान्तों में दो मुख्य अधिकारियों की व्यवस्था थी, सुबेदार तथा दीवान। सुबेदार का कार्य निजामत अर्थात् सैनिक संरक्षण, पुलिस तथा फौजदारी कानून लागू करना था। दीवान का कार्य कर व्यवस्था तथा दीवानी कानून लागू करना था। यह दोनों अधिकारी एक दूसरे पर नियन्त्रण का काम भी करते थे तथा केन्द्रीय सरकार के प्रति उत्तरदायी थे। औरंगजेब की मृत्यु के उपरान्त जब मुगल सत्ता क्षीण हो गई तो बंगाल का नवाब दीवानी तथा निजामत दोनों कार्य करता था।

12 अगस्त 1765 ई. के फरमान के अनुसार शाह आलम ने 26 लाख रुपये वार्षिक के बदले दीवानी का भार ईस्ट इण्डिया कम्पनी को सौंप दिया। ईस्ट

इण्डिया कम्पनी को 53 लाख रूपये निजामत के कार्य के लिये नवाब को भी देना था। इस समय बंगाल का नवाब मीर जाफर का पुत्र नजमुदौला था। नजमुदौला से कम्पनी ने निजामत का भार भी अपनी महत्वाकांक्षा के कारण ले लिया। इस प्रकार ईस्ट इण्डिया कम्पनी को मुगल सम्राट शाह आलम से दीवानी तथा बंगाल के सूबेदार नजमुदौला से निजामत का कार्यभार प्राप्त कर लिया था। परन्तु कम्पनी के पास सीधे कर संग्रह करने का भार उठाने की क्षमता नहीं थी। इसलिये कम्पनी ने दीवानी कार्य के लिए दो उप दीवान नियुक्त किये–बंगाल के लिए मुहम्मद रजा खाँ तथा बिहार, उड़ीसा के लिए राजा शिताबराय। यही उपनाजिम के रूप में भी कार्य करते थे। इस प्रकार समस्त दीवानी तथा निजामत का कार्य भारतीयों द्वारा ही संचालित किया जाता था यद्यपि उत्तरदायित्व कम्पनी का था। इस व्यवस्था को द्वैध प्रणाली कहा गया है। व्यावहारिक रूप में यह व्यवस्था खोखली सिद्ध हुई क्योंकि समस्त शक्ति तो कम्पनी के पास थी तथा भारतीय अधिकारी केवल बाहरी मुखौटा मात्र ही थे। प्रशासन की इस व्यवस्था ने बंगाल में अराजकता उत्पन्न करने में योगदान दिया। निजामत की शिथिलता के कारण कानून और व्यवस्था ठप्प हो गई। नवाब में कानून लागू करने तथा न्याय देने की सामर्थ्य नहीं थी। कम्पनी प्रशासन के उत्तरदायित्व को स्वीकार नहीं करती थी। ग्रामीण प्रदेशों में डाकू स्पष्ट रूप से घूमते थे। आदि से अन्त तक समस्त प्रशासन भ्रष्ट हो चुका था। कम्पनी के अधिकारी धन लोलुप थे। सर जार्ज कार्नवाल के शब्दों में, "ईस्ट इण्डिया कम्पनी की सरकार (1765) से अधिक भ्रष्ट, झूठी तथा दोषपूर्ण सरकार विश्व में अन्यत्र नहीं थी।" कृषकों से अधिक से अधिक कर वसूल किया जाता था। कर संग्रह का भार अधिक बोली बोलने वाले को प्रतिवर्ष दिया जाता था। व्यापार तथा वाणिज्य का विघटन होता चला गया। उद्योगों का और कला–कौशल का निरन्तर ह्रास होता चला गया। समाज का नैतिक पतन हो गया। कम्पनी की नीतियों से कार्य की प्रेरणा समाप्त हो गई तथा समाज निर्जीव हो गया तथा उसमें सड़न के लक्षण प्रत्यक्ष परिलक्षित होने लगे। कम्पनी के प्रत्येक अंग्रेज कर्मचारी का कार्य था कि भारतवासियों से दस अथवा बीस लाख रुपये लूट कर इंग्लैण्ड वापस हो जाये। लेकी ने लिखा है, "इस प्रकार का अत्याचार भारतीयों ने कभी नहीं अनुभव किया था। निर्धन जनता के दु:खों का पारावार न रहा। 1770–71 में भयंकर अकाल ने पूर्ण दुर्दशा ही कर दी।"

## कम्पनी की प्रशासनिक व्यवस्था का मूल्यांकन

वास्तव में अंग्रेजी ईस्ट इण्डिया कम्पनी द्वारा 1765 मे बंगाल की दीवानी प्राप्त करने से भारत में अंग्रेजी संविधान का प्रारम्भ होता है।

12 अगस्त 1765 ई. को क्लाइव ने निर्बल मुगल सम्राट शाह आलम द्वितीय से एक फरमान के द्वारा कम्पनी के लिए बंगाल, बिहार, उड़ीसा की दीवानी

प्राप्त की थी। इसके परिप्रेक्ष्य में कम्पनी ने 26 लाख रुपये वार्षिक मुगल सम्राट को देने का वचन दिया था। बंगाल का नवाब अब कम्पनी का पेंशनर मात्र रह गया था। कम्पनी ने उसे 53 लाख रुपये वार्षिक (पीछे घटाकर 32 लाख रुपया वार्षिक कर दिया गया) निजामत के कार्य के लिए देने का वचन दिया था। इस प्रकार क्लाइव ने द्वैध प्रणाली स्थापित की जिसके अनुसार कम्पनी दीवान थी और नवाब नाजिम था। परन्तु नवाब की आर्थिक तथा सैनिक स्वतन्त्रता समाप्त हो चुकी थी अतएव वह केवल नाम-मात्र ही नवाब रह गया था। क्लाइव की व्यवस्था के अनुसार कम्पनी ने दीवानी का कार्यभार उप दीवान को सौंप दिया था। बंगाल के लिए मुहम्मद रज़ा खाँ और बिहार, उड़ीसा के लिए राजा शिताबराय उप दीवान नियुक्त हुये थे। दीवानी के कार्यभार में भूमिकर, सीमा शुल्क, दीवानी कानून व्यवस्था सम्मिलित थी। उप दीवानों को अपने-अपने प्रदेश का प्रशासन नाम-मात्र को मुगल सम्राट तथा बंगाल के नवाब की ओर से करना था, परन्तु वास्तव में वह प्रशासन केवल कम्पनी के हितों के लिए ही किया जाता था। इसका परिणाम यह रहा कि अधिक से अधिक भूमिकर प्राप्त किया गया और भारतीय व्यापारियों को कम से कम मूल्य दिया गया। सम्भवत: ऐसी लूट भारत में पहले कभी नहीं मची थी। इस समस्त प्रदेश की आय लगभग 40 लाख पौंड अनुमानित की गई थी और इसमें यह आशा थी कि कम्पनी को बहुत सा लाभ होगा। इस समय ब्रिटिश संसद में यह प्रस्ताव भी आया कि भारतीय प्रदेश का प्रशासन अंग्रेजी सरकार को ले लेना चाहिये परन्तु अन्त में यह निश्चय हुआ कि कम्पनी 4 लाख (चार लाख) पौंड वार्षिक किस्त के रूप में इंग्लैण्ड की सरकार को प्रदान करती रहे और प्रशासन अपने पास रखे। इस प्रकार इंग्लैण्ड की सरकार को भी भारत की लूट में कम्पनी ने सम्मिलित कर लिया। कम्पनी ने अपने हिस्सेदारों का लाभांश 6¼ प्रतिशत से बढ़ाकर 12½ प्रतिशत कर दिया। परन्तु कम्पनी लाभ की स्थिति में नहीं रह सकी। उन दिनों कम्पनी के कर्मचारियों को निजी व्यापार करने की अनुमति थी और उन्होंने इसका अत्यधिक अनुचित लाभ उठाया। वे कर्मचारी अनुचित ढंग से करोड़ों रुपये लेकर इंग्लैण्ड वापस होते थे। खुली लूट मची हुई थी। कम्पनी ने निजामत का कार्य भी नवाब से लेकर अपने उप दीवानों को सौंप दिया था। अत: वास्तविक शक्ति-दीवानी, निजामत दोनों ही कम्पनी के निर्देशन में संचालित हो रही थी। यह द्वैध प्रणाली 1765 ई. से 1772 ई. तक चलती रही। इस मध्य 1765 से 1767 तक क्लाइव, 1767 से 1769 तक वेरेलस्ट तथा 1769 से 1772 तक कार्टियर बंगाल के गवर्नर थे। इस प्रकार नाम-मात्र राज्य तो मुगल सम्राट का अथवा बंगाल के नवाब का था परन्तु वास्तविक शक्ति अंग्रेजों के पास थी। मुखौटा भारतीयों का था, निर्देशन अंग्रेजों का था।

# 2

# ईस्ट इण्डिया कम्पनी की राजनीतिक शक्ति तथा रेगुलेटिंग एक्ट

पिछले अध्याय में व्यक्त किया जा चुका है कि किस प्रकार इलाहाबाद की सन्धि (1765 ई.) से बंगाल के ऊपर शासन की सम्पूर्ण शक्ति ही कम्पनी को प्राप्त हो गई थी। बंगाल का नवाब कम्पनी के अधिकारियों के हाथों में कठपुतली समान रह गया था। क्लाइव ने बंगाल का सम्पूर्ण शासन अपने हाथों में नहीं लिया था, इसका कारण क्लाइव ने स्वतः ही व्यक्त किया था कि सम्पूर्ण सत्ता अधिग्रहीत करने से कम्पनी के यूरोपियन प्रतिद्वन्द्वी, ब्रिटिश जनता, भारत के राजा लोग ईर्ष्यालु हो सकते थे और कम्पनी के विरुद्ध कुचक्र रच सकते थे। इसलिये वास्तविक स्थिति से उन सभी तत्वों को द्वैध प्रणाली द्वारा अनभिज्ञ रखने का प्रयास किया गया था। स्वाभाविक ही था कि इतने बड़े प्रदेश का सम्पूर्ण शासन अधिग्रहीत करने से दूसरों की ईर्ष्या जागृत होती। कीथ ने सही स्थिति का चित्रण करते हुये लिखा था, "शासन सम्बन्धी राजनीतिक शक्ति के रूप में कम्पनी की स्थिति को स्पष्ट करते हुए क्लाइव का आदेश प्रपत्र जो 16 जनवरी 1767 ई. को कलकत्ता के अधिकारियों को सम्बोधित था, इस तथ्य को व्यक्त कर रहा है। इसमें कहा गया था कि यद्यपि नवाब केवल नाम-मात्र का अथवा छाया मात्र शासक है, किन्तु नीति की मांग है कि उसका सम्मान किया जाये और विदेशी जातियों द्वारा उसके सम्मान में कमी होने पर उसे उनके प्रति नाराजगी में उत्साहित किया जाये तथा उसके पद का किसी भी प्रकार के विदेशी नियन्त्रण का मुकाबला करने के लिए प्रयोग किया जाये। यदि वह आवरण हटा दिया जायेगा तो विदेशी शक्तियां सीधे ब्रिटिश सरकार से शिकायत कर सकेंगी जिसके कारण ब्रिटिश सरकार उनके मामलों में अधिक हस्तक्षेप कर सकेगी और परिणामस्वरूप कम्पनी को परेशानी होगी। कम्पनी के अधिकारी क्लाइव से सहमत थे और यह तो अनुभव से ही पता चला कि दुहरा नियन्त्रण सर्वथा अकुशल था। साथ ही कुछ समय बीतना आवश्यक था जिनमें कि कम्पनी के कर्मचारी प्रशासन के कार्य में यथेष्ठ अनुभव प्राप्त कर पाते।"

1773 का रेगुलेटिंग एक्ट पारित होने की घटनायें—द्वैध प्रणाली के अधीन भारतीय प्रजा का जो उत्पीड़न हो रहा था, उस सम्बन्ध में इंग्लैण्ड में अत्यधिक चर्चा की जाने लगी थी। एक अंग्रेज लेखक लेकी ने लिखा था, "भारतीयों ने ऐसी कठोर और तीक्ष्ण निर्दयता सम्भवत: पहले कभी भी अनुभव नहीं की थी।" द्वैध प्रणाली के अन्तर्गत कम्पनी ने अपने अधिकारियों को प्रजा पर अनन्त अत्याचार करने की अनुमति दे दी थी। 1770 ई. में बंगाल में भीषण अकाल पड़ा जो भारत के लिखित इतिहास में सबसे भयानक था, परन्तु कम्पनी ने इस अकाल की भीषणता को कम करने का लेश मात्र भी प्रयत्न नहीं किया अपितु अंग्रेज व्यापारियों ने इससे अनुचित लाभ उठाकर अत्यधिक धन कमाने का प्रयत्न किया। वास्तव में जनता अकाल, कम्पनी के कर्मचारियों की रिश्वत का शिकार थी। स्थिति इतनी सड़ी गली हो चुकी थी कि अप्रैल 1772 में 31 सदस्यों वाली प्रवर समिति की नियुक्ति की घोषणा करनी पड़ी, जिसे ईस्ट इण्डिया कम्पनी के प्रशासन के समबन्ध में जांच करनी थी। ईस्ट इण्डिया कम्पनी की वित्तीय व्यवस्था भी शोचनीय हो चुकी थी। कम्पनी पर ऋण की मात्रा दिनोदिन बढ़ती जा रही थी। वास्तविक लेख को झुठलाकर कम्पनी ने 1772 ई. में 12½ प्रतिशत लाभांश जारी रखा, जबकि इस समय कम्पनी पर 60 लाख पौंड ऋण था। जब बंगाल में अकाल का तथा हैदर अली के कर्नाटक पर सफल आक्रमणों का समाचार लन्दन पहुंचा तो कम्पनी के शेयरों का मूल्य शेयर बाजार में और भी गिर गया। शीघ्र ही लोगों को कम्पनी की वास्तविक स्थिति का पता लग गया। निराश होकर कम्पनी ने चार लाख पौंड वार्षिक जो अंग्रेजी सरकार को देना होता था, उससे छूट मांगी। इसके अतिरिक्त कम्पनी के डाइरेक्टरों ने बैंक ऑफ इंग्लैण्ड से दस लाख पौंड का ऋण भी मांगा। यह सम्भवत: कम्पनी की स्वतन्त्रता का अन्त था। लार्ड नार्थ (ब्रिटिश प्रधानमन्त्री) ने इस ऋण के प्रार्थना पत्र को ब्रिटिश संसद की स्वीकृति के लिए भिजवा दिया, जहां उसका दोनों सदनों में बहुमत था। संसद की एक प्रवर समिति (Select Committee) इस प्रार्थना पत्र की जांच करने के लिये नियुक्त की गई।

प्रवर समिति का अध्यक्ष जनरल बरगायन था जिसने कम्पनी की क्रिया पद्धति का वर्णन करते हुए व्यक्त किया, "महानतम अत्याचार और क्रूरता जो किसी असैनिक सरकार के नाम को धब्बा लगा सकती है, उसे सुधारने की आवश्यकता है, और यदि किसी कारण प्रभुसत्ता और व्यापार को अलग नहीं किया गया तो भारत और इंग्लैण्ड दोनों ही इतने नीचे गिर जायेंगे और डूब जायेंगे कि उनका पुनरुत्थान नहीं हो सकेगा।"

इसमें कोई संदेह नहीं कि कम्पनी के डायरेक्टरों का व्यवहार अत्यधिक संदिग्ध था। मार्च 1772 ई. में लाभांश की घोषणा फिर 12½ प्रतिशत की गई

थी और साथ ही दस लाख पौंड ऋण का प्रार्थना पत्र भी सरकार को दिया गया था। यह असंलग्नता इतनी स्पष्ट थी कि हाऊस ऑफ कामन्स की एक दूसरी (गुप्त) समिति की नियुक्ति करनी पड़ी ताकि इसका कारण पता किया जाए। एक कम्पनी जिसके कर्मचारी इंग्लैण्ड को धन से मालामाल होकर वापस हो, क्यों दिवालिया बनती जा रही है। यह आश्चर्य का विषय था।

अगले वर्ष बसन्त ऋतु में जांच समिति ने अपना प्रतिवेदन प्रस्तुत किया। यह प्रतिवेदन अत्यधिक अपवादजनक (Condemnatory) था। मई 1773 ई. की इस रिपोर्ट के आधार पर ब्रिटिश संसद ने दो अधिनियम पारित किये। प्रथम के अनुसार कम्पनी 4 प्रतिशत के ब्याज पर 14 लाख पौंड का ऋण दिया गया। रेगुलेटिंग एक्ट पारित किया गया। रेगुलेटिंग एक्ट भारत के संवैधानिक विकास में पहला महत्वपूर्ण चरण है।

**रेगुलेटिंग एक्ट ( नियामक अधिनियम ) 1773 के प्रावधान (Provisions of the Regulating Act, 1773)**–इस अधिनियम द्वारा बंगाल प्रेसीडेंसी तथा इससे मिले हुये अन्य भारतीय प्रदेशों (बिहार, उड़ीसा) का सैनिक एवं नागरिक तथा आय-व्यय सम्बन्धी प्रशासन बंगाल के गवर्नर-जनरल और उसकी कार्यकारिणी परिषद् को सौंपा गया।

वारेन हेस्टिंग्ज़ को बंगाल का प्रथम गवर्नर-जनरल नियुक्त किया गया।

भारत में एक प्रशासन मंडल बनाया गया जिसमें गवर्नर-जनरल (अध्यक्ष के रूप में) तथा चार पार्षद नियुक्त किए गये। इस मंडल में बहुमत से निर्णय होने की व्यवस्था स्वीकार की गई थी। अध्यक्ष केवल मत बराबर होने की व्यवस्था में ही निर्णायक मत (Casting vote) का प्रयोग कर सकता था। कोरम (quorum) अथवा गणपूर्ति तीन का था। इस अधिनियम द्वारा फिलिप फ्रांसिस, क्लेवरिंग, मॉनसन तथा बरवैल का नाम पार्षदों में लिख दिया गया था। यह सभी पांच वर्ष के लिए नियुक्त किये गये थे और केवल कोर्ट ऑफ डाइरेक्टर्स की सिफारिश पर केवल ब्रिटिश सम्राट द्वारा ही हटाये जा सकते थे। भावी नियुक्तियां कम्पनी द्वारा की जानी थी। सपरिषद् गवर्नर-जनरल को बंगाल में फोर्ट विलियम की प्रेसीडेन्सी के सैनिक तथा असैनिक शासन का अधिकार दिया गया तथा उसे कुछ विशेष मामलों में मद्रास तथा बम्बई की प्रेसीडेन्सियों का अधीक्षण भी करना था।

इस अधिनियम द्वारा कम्पनी के संविधान को पूरी तरह से परिवर्तित करते हुये यह व्यवस्था की गई थी कि इंग्लैण्ड में स्वामियों के अधिकरण (कोर्ट ऑफ प्रोप्राइटर्स Court of Proprietors) में वोट देने का अधिकार केवल उन लोगों को दिया गया जो चुनाव से कम से कम एक वर्ष पूर्व एक हजार पौंड के शेयर

के स्वामी रहे हों और यह निश्चय हुआ कि कोर्ट ऑफ डाइरेक्टर्स चार वर्ष के लिए चुना जायेगा। डाइरेक्टरों की संख्या 24 होगी जिसमें से 25 प्रतिशत प्रति वर्ष अवकाश प्राप्त (Retire) करेंगे।

डाइरेक्टरों को यह आदेश हुआ कि वे वित्त विभाग के सामने भारत प्रशासन तथा राजस्व सम्बन्धी राज्य सचिव (Secretary of State) के सन्मुख सैनिक और असैनिक प्रशासन सम्बन्धी सभी पत्र व्यवहार प्रस्तुत करें। इस प्रकार पहली बार ब्रिटिश मन्त्रिमंडल को भारतीय मामलों को नियन्त्रण करने का अधिकार प्रदान किया गया यद्यपि यह अधिकार अपूर्ण था।

अधिनियम के अन्तर्गत एक सर्वोच्च न्यायालय की कलकत्ता में व्यवस्था की गई। इस सर्वोच्च न्यायालय (Supreme Court) में एक मुख्य न्यायाधीश तथा तीन अन्य न्यायाधीशों की व्यवस्था की गई थी। इस सर्वोच्च न्यायालय को सामान्य न्याय (law of equity) तथा सामान्य विधि (common law) के न्यायालय, नौ सेना विधि के न्यायालय तथा धार्मिक न्यायालय के रूप में काम करना था। कम्पनी के कार्यकर्ता इसके न्याय प्रभुत्व (jurisdiction) में कर दिये गये। सभी अंग्रेज प्रजा; चाहे अंग्रेज हो अथवा भारतीय, सुप्रीम कोर्ट का दरवाजा खटखटा सकती थी। इस न्यायालय को यह भी अधिकार था कि यह कम्पनी की सेवा तथा सम्राट की सेवा में लगे लोगों के विरुद्ध, मामले, कार्यवाही अथवा शिकायत की सुनवाई कर सके। इस सर्वोच्च न्यायालय को इंग्लैण्ड में प्रचलित सभी न्यायिक विधियों के अनुसार न्याय करने के अधिकार दिये गये। इस न्यायालय को प्राथमिक तथा पुनर्विचार अधिकार (original and appellate jurisdiction) की अनुमति थी। इस न्यायालय को अंग्रेजी परम्परा के अनुसार पंचो (Jury) की सहायता से मुकदमों की सुनवाई करनी थी। यह सर्वोच्च न्यायालय 1774 में गठित किया गया और सर एलीजाह इम्पे मुख्य न्यायाधीश तथा चेम्बर्ज़, लिमैस्टर और हाइड अन्य न्यायाधीश नियुक्त किये गये थे।

सपरिषद् गवर्नर-जनरल को अच्छी व्यवस्था और नागरिक शासन के लिए नियम, रेगुलेशन (Regulation) और अध्यादेश बनाने तथा जारी करने की शक्तियां दी गईं। परन्तु यह नियम रेगुलेशन आदि तभी प्रभावशाली होते थे जबकि उनकी नव-स्थापित सर्वोच्च न्यायालय में रजिस्ट्री (पंजीयन) हो जाती थी और वे न्यायालय द्वारा प्रकाशित कर दिये जाते थे।

सपरिषद् गवर्नर-जनरल को संचालक समिति के सभी आदेश मानने आवश्यक थे और कम्पनी के हितों से सम्बन्धित सभी मामलों की जानकारी से संचालक समिति को अवगत कराना भी उसका कर्तव्य नियत किया गया था।

बम्बई तथा मद्रास के कौंसिल स्थित गवर्नरों को अपने बनाये नियमों से सपरिषद् गवर्नर-जनरल को अवगत कराना अनिवार्य था।

इस अधिनियम में यह भी व्यवस्था की गई थी कि कोई व्यक्ति जो कम्पनी के अधीन सैनिक अथवा असैनिक पदाधिकारी हो वह किसी भी व्यक्ति से प्रत्यक्ष अथवा अप्रत्यक्ष रूप से कोई उपहार, दान, पारितोषिक इत्यादि नहीं ले सकता।

इस अधिनियम के द्वारा गवर्नर-जनरल, गवर्नर-जनरल की परिषद् के सदस्यों, सर्वोच्च न्यायालय के मुख्य न्यायाधीश तथा अन्य न्यायाधीशों का वेतन निर्धारित कर दिया गया था। गवर्नर-जनरल को 25 हजार पौंड, पार्षदों को 10 हजार पौंड, मुख्य न्यायाधीश को 8 हजार पौंड, अन्य न्यायाधीशों को 6 हजार पौंड वार्षिक वेतन निर्धारित किया गया था।

## अधिनियम का महत्व (Importance of the Act)

रेगुलेटिंग एक्ट के विषय में यह स्वीकार करना पड़ेगा कि किसी भी यूरोपीय शक्ति द्वारा सुदूर सभ्य लोगों के देश में प्रशासन करने का यह प्रथम प्रयत्न था। इस अधिनियम द्वारा बंगाल, मद्रास तथा बम्बई में एक ईमानदार तथा कुशल प्रभुसत्ता स्थापित करने का प्रयत्न किया गया था। इस एक्ट ने एक ईमानदार शासन के आधारभूत सिद्धान्त निश्चित किये थे कि कोई भी, कम्पनी का सैनिक, असैनिक पदाधिकारी, किसी भी व्यक्ति से प्रत्यक्ष अथवा अप्रत्यक्ष रूप से कोई उपहार, दान, पारितोषिक इत्यादि नहीं ले सकता। कम्पनी के अधिकारी अपनी शक्तियों का दुरुपयोग न कर सकें, इस उद्देश्य से उन्होंने कलकत्ता में सर्वोच्च न्यायालय स्थापित करने की व्यवस्था इस अधिनियम में की थी। कानून की परिधि से बाहर कोई भी व्यक्ति नहीं था। अतएव संक्षेप में हम यह कह सकते हैं कि यह अधिनियम अधिक अच्छा प्रशासन स्थापित करने के लिए एक प्रयत्न था। रेगुलेटिंग एक्ट 11 वर्ष तक चलता रहा। वारेन हेस्टिंग्ज ही एक ऐसा गवर्नर-जनरल था जिसने इस अधिनियम के अनुसार भारत पर प्रशासन किया। कम्पनी के कार्यकर्ताओं के वेतन बढ़ा दिये गये थे, जो सम्भवतः समकालीन संसार के सबसे ऊँचे वेतन थे।

इस अधिनियम का भारत के संवैधानिक विकास में बहुत अधिक महत्व है। इसने कम्पनी के राजनैतिक कृत्यों को निश्चित रूप से मान लिया और पार्लियामेंट के इस अधिकार को भी स्पष्ट किया कि कम्पनी के शासन विधान में वह चाहे जिस प्रकार का परिवर्तन अथवा हस्तक्षेप कर सके, जबकि भारतीय व्यापार और विजित प्रदेश अब तक कम्पनी के निजी अधिकार के विषय समझे जाते थे। यह अधिनियम पार्लियामेंट द्वारा कम्पनी के भारतीय शासन में परिवर्तन करने वाले अनेक अधिनियमों में से सर्वप्रथम था। इस अधिनियम ने कम्पनी के मनचाहे प्रशासन पर पार्लियामेंट द्वारा कुछ प्रतिबन्धों की व्यवस्था की थी।

श्री राम शर्मा के शब्दों में, 'रेगुलेटिंग अधिनियम ने कम्पनी के भारतीय प्रदेश में अच्छा शासन स्थापित करने का ताज (Crown) द्वारा, उसके लिए सीधा

उत्तरदायित्व संभाले बिना, एक महत्वपूर्ण प्रयत्न किया था। इसकी सबसे अधिक प्रशंसनीय विशेषता सर्वोच्च न्यायालय की स्थापना थी, जिसे एक प्रकार से अच्छे शासन की प्रत्याभूति (Guarantee) कह सकते हैं।

इस अधिनियम ने संचालक समिति का आने वाले 60 वर्षों के लिए पुनर्गठन किया। इसने संचालकों की ईमानदार प्रशासन की मांग को पार्लियामेंट के कानूनी आदेश के रूप में परिणत किया। इस अधिनियम द्वारा कम्पनी के पदाधिकारियों को किसी भी प्रकार की भेंट आदि स्वीकार करने का निषेध कर दिया गया था।

**रेगुलेटिंग अधिनियम की आलोचना**—यह स्वीकार किया गया है कि अधिनियम का उद्देश्य तो अच्छा था परन्तु इसके द्वारा स्थापित व्यवस्था दोषपूर्ण थी। इसके मुख्य दोष परिषद् की रचना, गवर्नर-जनरल के परिषद् से सम्बन्ध और सर्वोच्च न्यायालय के अधिकार क्षेत्र से उत्पन्न हुये थे। प्रथम, इस अधिनियम ने गवर्नर-जनरल और सर्वोच्च न्यायालय के अधिकार क्षेत्रों और आपसी सम्बन्धों की स्पष्ट रूप से व्याख्या नहीं की थी। इसके अन्तर्गत कार्यपालिका पर कुछ प्रतिबन्ध लगाने के उद्देश्य से पार्लियामेंट ने सर्वोच्च न्यायालय को सपरिषद् गवर्नर-जनरल द्वारा पास किये गये कानूनों को अस्वीकार करने का असाधारण अधिकार दिया तथा दोनों का अधिकार क्षेत्र में कर वसूल करने वाले तथा सभी न्यायिक अधिकारियों द्वारा अपने कर्तव्यों के पालन में की गई त्रुटियों पर अपने अधिकार क्षेत्र का दावा किया और साथ ही इसने प्रान्तीय तथा देशीय न्यायालयों के अधिकार क्षेत्रों को मान्यता नहीं दी। द्वितीय, इस अधिनियम में यह स्पष्ट नहीं किया गया था कि सर्वोच्च न्यायालय अंग्रेजी अथवा भारतीय कानूनों में से किसके अनुसार न्याय करेगा। अधिनियम ने सर्वोच्च न्यायालय तथा कम्पनी के न्यायालयों, जिलों के दीवानी, फौजदारी न्यायालयों जिनके ऊपर सपरिषद् गवर्नर-जनरल को अपीलीय शक्ति प्राप्त थी। तृतीय, इस अधिनियम ने गृह शासन की रचना में जो परिवर्तन किये उसमें भी दोष थे। मताधिकार की सीमा को ऊंचा उठाने से छोटे हिस्सेदार मताधिकार से वंचित हो गये, जिसके फलस्वरूप संचालक समिति स्थायी रूप से धनिक वर्ग के हाथों में चली गई।

इस अधिनियम ने गवर्नर-जनरल तो नियुक्त कर दिया परन्तु उस पर परिषद् लाद दी जिससे उसकी स्थिति असहाय सदृश हो गई। इस अधिनियम ने क्राउन की प्रभुसत्ता को दृढ़तापूर्वक स्थापित करने का प्रयत्न नहीं किया और न ही बंगाल के नवाब की प्रभुसत्ता पर आघात किया। इस अधिनियम ने राज्य सरकार को कम्पनी पर, डाइरेक्टरों को अपने कर्मचारियों पर, गवर्नर-जनरल को परिषद् पर, कलकत्ता प्रसीडेन्सी को मद्रास तथा बम्बई प्रेसीडेन्सियों पर पूर्ण तथा स्पष्ट रूप से नियन्त्रण नहीं दिया। यह अधिनियम अवरोध तथा सन्तुलन की नीति पर (checks and balances) पर आधारित था। इस प्रकार इस अधिनियम के मुख्य

दोष थे: पहला, गवर्नर-जनरल तथा उसकी परिषद् का आपस में झगड़ा होना अनिवार्य था। दूसरा सर्वोच्च न्यायालय, जिसमें अंग्रेजी कानून लागू होता था तथा बंगाल में पूर्व स्थित अन्य न्यायालय के आपसी सम्बन्धों में अनियमितता थी। इसके अतिरिक्त परिषद् तथा सर्वोच्च न्यायालय के आपसी सम्बन्ध भी अनिश्चित थे। यहां तक कि आपस में विरोध हो गया। गवर्नर-जनरल तथा उसकी परिषद् द्वारा बनाये गये कानूनों को न्यायालय में लागू करना सर्वोच्च न्यायालय की अपनी इच्छा पर निर्भर था। इसी प्रकार प्रशासनिक तथा न्यायिक विभाग के अधिकार क्षेत्रों की अस्पष्टता इस अधिनियम का एक महान दोष था।

मतदाता बनने की योग्यता का स्तर 1000 पौंड शेयर का स्वामी रखा गया था। जिसके फलस्वरूप डाइरेक्टरों की परिषद् अल्पजन से शासित राज्य बन गई थी। लगभग, इस नियम ने, 1246 स्टाक होल्डर्स को मत देने से वंचित कर दिया था।

बर्क के कथनानुसार, "रेगुलेटिंग एक्ट राष्ट्रीय अधिकारों, राष्ट्रीय निष्ठा तथा राष्ट्रीय न्याय का उल्लंघन था।" राबर्ट्स के शब्दों में, "रेगुलेटिंग एक्ट अधूरा पग था तथा कई प्रश्नों के सम्बन्ध में अत्यन्त अस्पष्ट था।" बौटिन रौज ने ठीक ही लिखा है, "इस अधिनियम का उद्देश्य अच्छा था, परन्तु उसके द्वारा संस्थापित पद्धति अपूर्ण थी।"

रेगुलेटिंग एक्ट ब्रिटिश संसद के द्वारा स्वीकृत उन बहुत-से अधिनियमों की लम्बी श्रृंखला का एक, प्रथम अंग था, जो भारत सरकार में परिवर्तन करने तथा उन्हें नियमित करने के लिये बनाये गये थे। इसके द्वारा ब्रिटिश भारत के लिए लिखित संविधान प्रणाली का प्रारम्भ हुआ। कम्पनी के कार्यों में हस्तक्षेप करने तथा उसके द्वारा अधिकृत प्रदेशों के लिये विधान बनाने के सम्बन्ध में संसदीय अधिकार को स्वीकार किया गया। इस अधिनियम द्वारा एक व्यक्ति के शासन के स्थान पर संस्था का शासन स्थापित हो गया। इसके द्वारा कम्पनी के राजनैतिक कार्यों को भी स्वीकार कर लिया गया।

श्री गुरमुख निहाल सिंह के कथनानुसार, "1773 के रेगुलेटिंग एक्ट का विशेष वैधानिक महत्व यह था कि इसने स्पष्ट रूप से कम्पनी का राजनीतिक कर्तव्य स्वीकार किया और पहली बार कम्पनी के निजी सम्पत्ति किये जाने वाले प्रदेशों में पार्लियामेंट के शासन का रूप बताने के अधिकार पर बल दिया। यह अधिनियम उन बहुत से अधिनियमों की श्रृंखला की एक कड़ी था जिससे भारत की सरकार में परिवर्तन आये।"

**1781 का संशोधनात्मक अधिनियम (Amending Act)**—सभी ओर से यह स्वीकार किया गया था कि रेगुलेटिंग एक्ट में बहुत सी कमियां थीं इसलिये

1781 में उन्हें दूर करने के लिये यह अधिनियम निर्मित किया गया था, जो पारित होकर 1781 का संशोधनात्मक अधिनियम कहलाया। इस संशोधनात्मक अधिनियम के अनुसार कम्पनी के पदाधिकारियों द्वारा अपने शासकीय रूप में किये गये कार्यों के लिए अब वे उच्चतम न्यायालय के अधिकार क्षेत्र से बाहर हो गये थे। इसी प्रकार इस न्यायालय का अधिकार क्षेत्र भी स्पष्ट कर दिया गया था तथा उसे कलकत्ता के सभी निवासियों पर अधिकार दे दिया गया तथा यह भी आदेश दिया गया कि प्रतिवादी (defendant) का निजी कानून लागू किया जायेगा। अधिनियम में यह भी व्यवस्था की गई कि उच्चतम न्यायालय को अपनी आज्ञायें तथा आदेश लागू करते समय भारतीयों के धार्मिक तथा सामाजिक रीति-रिवाजों का ध्यान रखना चाहिए, तथा सरकार को भी नियम, विनियम (rules and regulations) बनाते समय इनका ध्यान रखना चाहिए। अधिनियम में यह भी व्यवस्था थी कि प्रान्तीय न्यायालयों से अपील, सपरिषद् गवर्नर-जनरल (Governor-General-in-Council) के पास जा सकती थी। केवल £5000 (पांच हजार पौंड) तथा इससे अधिक के मामलों में यह अपील इंग्लैण्ड में सपरिषद् सम्राट (King-in-Council) तक जा सकती थी। इसमें यह भी व्यवस्था निहित की गई थी कि जो नियम तथा विनियम गवर्नर-जनरल तथा उसकी परिषद् बनाये, उसे उच्चतम न्यायालय के पास पंजीकृत कराना आवश्यक नहीं है। इस प्रकार इस संशोधनात्मक अधिनियम से रेगुलेटिंग एक्ट में महत्वपूर्ण परिवर्तन किये गये जिससे सरकार सुदृढ़ हो सके, राजस्व एकत्रित करने की व्यवस्था में कोई गतिरोध न उत्पन्न हो सके और भारत में कानून बनाने तथा उन्हें कार्यान्वित करते समय भारतीयों के सामाजिक तथा धार्मिक रीति रिवाजों का ध्यान रखा जाये। डॉ. कीथ के अनुसार, "1781 के संशोधनात्मक अधिनियम ने 1773 की पद्धति में बहुत से परिवर्तन किये। इसके द्वारा सरकार के समर्थन, राजस्व के नियमित रूप से इकट्‌ठा करने तथा जनता को पुराने कानूनों में पाबन्द रहने की आवश्यकता पर बल दिया गया था।"

# 3

# पिट का इण्डिया एक्ट तथा कम्पनी का प्रशासन

**पारित होने की घटनायें**–1781 के संशोधनात्मक अधिनियम से रेगुलेटिंग एक्ट के समस्त दोष दूर नहीं हो सके थे और प्रशासनिक कठिनाइयां बढ़ती जा रही थी, साथ ही वित्तीय कठिनाइयां भी बढ़ रही थीं। इसलिये कम्पनी के मामलों की छानबीन करने के लिए एक प्रवर समिति (Select Committee) और एक गुप्त समिति (Secret Committee) नियुक्त की गई। प्रवर समिति ने उच्चतम न्यायालय तथा बंगाल परिषद् के आपसी सम्बन्धों के विषय में और गुप्त समिति ने मराठा युद्ध के कारणों की जांच करके, अपनी रिपोर्ट संसद को प्रस्तुत की। इन रिपोर्टों पर संसद में खुलकर वाद-विवाद हुआ। इस समय मराठा युद्ध के कारण कम्पनी की वित्तीय कठिनाइयां बढ़ गई थीं। कम्पनी ने पुनः 10 लाख पौंड ऋण की मांग की। इसलिये संसद का कम्पनी के मामले में हस्तक्षेप आवश्यक हो गया। फलस्वरूप गुप्त समिति के अध्यक्ष डुंडास (Dundas) ने अप्रैल 1783 में अपना विधेयक प्रस्तुत किया।

इस विधेयक में सम्राट द्वारा कम्पनी के मुख्य कर्मचारियों को वापस बुलाने की व्यवस्था थी। बंगाल प्रेसीडेन्सी का बम्बई, मद्रास प्रेसीडेन्सी पर नियन्त्रण अधिक स्थापित करने की व्यवस्था थी। गवर्नर जनरल को अपनी परिषद् के निर्णय के विरुद्ध भी कार्य करने की शक्ति प्रदान की गई थी। उसे मुख्य सेनापति का पद भार संभालने का भी अधिकार दिया गया था परन्तु यह विधेयक पारित नहीं हो सका क्योंकि डुंडास विरोधी दल में था, अतः सत्तारुढ़ दल ने इस विधेयक को पारित नहीं होने दिया। तत्पश्चात पहली नवम्बर 1783 में फाक्स ने कम्पनी के मामलों से सम्बन्धित विधेयक प्रस्तुत किया।

इस विधेयक (Fox India Bill) में डाइरेक्टरों की समिति तथा स्वामियों की समिति को समाप्त करने का प्रस्ताव किया गया था। सात कमिश्नरों को भारत के राजस्व तथा प्रदेशों की व्यवस्था के लिये नियुक्त किये जाने की सिफारिश की गई थी। मैल्कम के अनुसार इन सात कमिश्नरों को दिवालिये व्यापारी वर्ग

के ट्रस्टियों के समान कार्य करना था। बर्क ने इस विधेयक का समर्थन करते हुये कहा था, "हमारी भारत सरकार सचमुच शिकायतों का पुंज है। यह सरकार संसार में विद्यमान सर्वाधिक भ्रष्ट तथा नाश की ओर अग्रसर है।"

यह विधेयक हाऊस ऑफ कामन्स में स्वीकृत हो गया परन्तु हाऊस ऑफ लार्ड्स में राजा जार्ज तृतीय के हस्तक्षेप से यह अस्वीकृत हो गया। जार्ज तृतीय ने एक पत्र में यह स्पष्ट कर दिया था कि जो कोई भी इस विधेयक के पक्ष में मत देगा वह उसे अपना शत्रु समझेगा। फाक्स ने इस सम्बन्ध में ईस्ट इण्डिया कम्पनी से परामर्श न करके एक भूल की, क्योंकि कम्पनी की इस विषय में अत्यधिक रूचि थी तथा कम्पनी ने भी बिल का पूर्ण रूप से विरोध किया था। अन्त में इस बिल के कारण ही लार्ड नार्थ तथा फाक्स की मिली-जुली सरकार को त्यागपत्र देना पड़ा। यह पहला और अन्तिम अवसर था जबकि अंग्रेजी सरकार का भारतीय मामले में पतन हो गया। 18 दिसम्बर 1783 को जार्ज तृतीय ने संयुक्त मन्त्रिमंडल को भंग कर दिया तथा पिट को मन्त्रिमंडल बनाने के लिए आमन्त्रित किया। जनवरी 1784 में पिट ने अपना विधेयक प्रस्तुत किया परन्तु मन्त्रिमंडल टूट गया। अन्त में नई संसद मई 1784 में गठित हुई। वही पुराना जनवरी की संसद वाला विधेयक कामन्स सभा में जुलाई 1784 में और लार्ड्स सभा में अगस्त 1784 में पारित होकर अधिनियम बन गया।

फाक्स का यह कथन था कि उसका बिल अधिक उत्तम था। पिट ने यह सावधानी की थी कि अपने विधेयक के लिये कम्पनी की स्वीकृति प्राप्त कर ली थी। इस प्रकार विधेयक के विरोध को पहले ही समाप्त कर दिया था। वास्तव में फाक्स तथा पिट के विधेयक लगभग एक ही प्रकार के थे। भिन्नता केवल इस बात में थी कि फाक्स के बिल से कम्पनी संरक्षण (Patronage) को समाप्त कर दिया गया था परन्तु इस अधिनियम में उसे जारी रखा गया था। पिट ने स्वयं व्यक्त किया था, "फाक्स के विधेयक से व्यक्तियों को स्थायित्व मिलना था। मेरे विधेयक से एक प्रणाली को स्थायित्व मिला।"

**पिट्स इण्डिया अधिनियम के प्रावधान (Provisions of the Pitt's India Act, 1784)**—1784 के पिट्स इण्डिया अधिनियम से कम्पनी के लन्दन स्थित प्रशासन में परिवर्तन आये। इस अधिनियम से सरकार का कम्पनी के मामलों में नियन्त्रण बढ़ गया। यद्यपि कम्पनी के व्यापार को अछूता छोड़ दिया गया परन्तु सभी असैनिक, सैनिक तथा राजस्व सम्बन्धी मामलों को एक नियन्त्रण बोर्ड (Board of Control) के अधीन कर दिया गया जिसमें एक चांसलर ऑफ एक्सचैकर (Chancellor of Exchequer), एक राज्य सचिव तथा उनके द्वारा नियुक्त किये चार प्रीवी कौंसिल (Privy Council) के सदस्य थे।

तीन डाइरेक्टरों की एक गुप्त समिति द्वारा नियन्त्रण बोर्ड़ के सभी मुख्य आदेश भारत को भेजे जाने थे।

स्वामियों के अधिकरण को यह अधिकार नहीं रहा कि डाइरेक्टरों का जो आदेश नियन्त्रण बोर्ड़ द्वारा स्वीकार कर लिया हो, उसे वह रद्द, निलम्बित अथवा समाप्त कर सकें।

भारत में प्रशासन गवर्नर–जनरल तथा उसकी तीन सदस्यों वाली परिषद् के अधीन रखा गया। गवर्नर–जनरल को अभी भी बहुमत के आदेश पर कार्य करना होता था परन्तु अब सदस्य संख्या तीन होने के कारण यदि एक भी पार्षद उसके पक्ष में होता तो वह अपना निर्णायक मत (Casting vote) का प्रयोग करके स्वतः निर्णय ले सकता था।

सपरिषद् गवर्नर–जनरल को विभिन्न प्रान्तीय शासनों पर अधीक्षण, निर्देश और नियन्त्रण की शक्तियाँ दी गईं। फलस्वरूप भारत में एक रूप नीति का पालन सम्भव हुआ तथा भारतीय प्रशासन का एकीकरण एक पग और आगे बढ़ा।

गवर्नर–जनरल की परिषद् के सदृश मद्रास, बम्बई प्रेसीडेन्सी के गवर्नरों की परिषद् के सदस्यों की संख्या भी तीन–तीन कर दी गई। गवर्नर–जनरल की परिषद् में मुख्य सेनापति भी सम्मिलित था तथा प्रान्तीय सेनापति गवर्नरों की परिषद् में सम्मिलित किये गये थे, परन्तु यह स्पष्ट कर दिया गया था कि जिस समय मुख्य सेनापति किसी प्रान्त की राजधानी में होगा, उस समय वही प्रान्तीय परिषद् का सदस्य होगा, प्रान्तीय सेनापति नहीं।

गवर्नर–जनरल की नियुक्ति संचालकों द्वारा ताज की अनुमति से की जानी थी।

डाइरेक्टरों के पास यह अधिकार सुरक्षित रखा गया कि वे भारत में विभिन्न पदों के लिए नियुक्तियां कर सकें। उन्हें इस बात का भी अधिकार था कि वे भारतीय प्रशासन के अधिनियमों का संशोधन तथा उसकी समीक्षा कर सकें।

इस अधिनियम में यह भी व्यक्त किया गया था कि सरकारी अधिकारियों को अपराधी सिद्ध होने पर क्षमा प्रदान न की जाये। इस बात की व्यवस्था की गई थी, कि जो अपराध भारत में किये गये हों, उनकी सुनवाई इंग्लैण्ड में हो सके। ऐसे मुकदमों की सुनवाई के लिए 3 न्यायाधीशों, 4 पियरों तथा हाऊस ऑफ कामन्स के 6 सदस्यों सहित एक विशेष अदालत बनाई गई थी।

## पिट्स इण्डिया अधिनियम की आलोचना और उसका महत्व

इस अधिनियम द्वारा कम्पनी के संविधान में दो मुख्य परिवर्तन हुये। पहला यह कि इंग्लैण्ड में सरकार का एक विभाग बनाया गया जिसे नियन्त्रण बोर्ड

(Board of Control) कहते थे और जिसका मुख्य कार्य डाइरेक्टर्स की नीति को नियन्त्रित करना था। इस प्रकार शासन की द्वैध प्रणाली 1858 तक चलती रही। नियन्त्रण बोर्ड को प्रशासन का स्वतन्त्र अधिकार नहीं दिया गया था। क्योंकि इसके पास कोई संरक्षण नहीं था। इसकी शक्ति आवरण में (veiled) में थी। नियन्त्रण बोर्ड को कम्पनी के सभी कागजात देखने का अधिकार था और केवल व्यापारिक आदेशों को छोड़कर, शेष सभी आदेशों पर अपनी स्वीकृति देने का अधिकार था। आवश्यकता पड़ने पर नियन्त्रण बोर्ड अपना आदेश डाइरेक्टरों की गुप्त समिति को भेजता था जिसे डाइरेक्टर अपने हस्ताक्षर करके भारत भेज देते थे। इस प्रकार भारत में कम्पनी का समस्त सैनिक तथा असैनिक प्रशासन अंग्रेजी सरकार के अधीन हो गया था। डाइरेक्टरों को संरक्षण पर पूर्ण अधिकार था और उन्हें अपने अधीनस्थ पदाधिकारियों की पदोन्नति करने का भी पूर्ण अधिकार था। इस बोर्ड का अध्यक्ष आरम्भिक काल में एक राज्य सचिव होता (Secretary of State) था। यह अधिकारी भारतीय शासन के लिये 1858 तक उत्तरदायी रहा। 1858 में इसके स्थान पर भारत राज्य सचिव की नियुक्ति की व्यवस्था की गई थी। इस प्रकार हम यह कह सकते हैं कि पिट के इण्डिया एक्ट ने कम्पनी तथा भारतीय प्रशासन का 1858 तक चलने वाला मूलभूत आधार निश्चित कर दिया। दूसरे इस अधिनियम से कार्यकारी पार्षदों (Executive Councillors) की संख्या तीन रह गई जिनमें से मुख्य सेनापति (Commander-in-Chief) एक था। बम्बई और मद्रास की परिषदों का गठन भी बंगाल की भांति ही करने की व्यवस्था की गई थी।

इस अधिनियम की सबसे महत्वपूर्ण व्यवस्था यह थी कि इसके द्वारा भारत में आक्रामक युद्धों को केवल समाप्त ही नहीं कर दिया गया अपितु जो प्रत्याभूति (guarantee) की सन्धियां कर्नाटक तथा अवध जैसे भारतीय राजाओं से की गई थीं उन्हें भी समाप्त कर दिया गया और यह कहा गया कि "विजय की योजनायें तथा भारत में साम्राज्य का विस्तार इस राष्ट्र की इच्छा, सम्मान तथा नीति के विरूद्ध है।" परन्तु वास्तविकता यह रही कि इस आदेश का अनुसरण विपरीत दिशा में अधिक किया गया। वास्तव में यह अधिनियम बहुत ही दक्ष उपाय था, जिसमें राजनैतिक समझौते के सभी लक्षण थे। बर्क ने इस सम्बन्ध में व्यक्त किया था, "अपने उद्देश्य की पूर्ति के लिए एक ऐसा अच्छा तथा दक्ष उपाय है जैसा कि कोई मनुष्य बना सकता है।" कोर्टनी इलबर्ट ने ठीक ही लिखा कि "पिट ने दो बातें की (i) उसने क्राउन के संरक्षण का अधिकार लेने (ii) और कम्पनी के संविधान को पूरी तरह बदलने के दोष से बचाये रखा।" परन्तु फिर भी पिट ने कम्पनी को इंग्लैण्ड की सरकार से सम्बन्धित अवश्य कर दिया था।

इस अधिनियम से दुहरे नियन्त्रण की जो व्यवस्था स्थापित हुई, उससे गवर्नर-जनरल की स्थिति कठिन हो गई, क्योंकि उसे गृह शासन में दो स्वामियों के नियन्त्रण में कार्य करना पड़ा। इससे कम्पनी का प्रशासन जटिल और बोझिल हो गया। निर्णय लेने में विलम्ब होने लगा। इस अधिनियम के पास कराने में पिट ने इस बात का विशेष ध्यान रखा कि कम्पनी की संचालक समिति की शक्ति प्रकट रूप से कम न होने पाये। अतः सभी आदेश निकालना और पत्र-व्यवहार करना पूर्ववत् संचालक समिति के नाम से ही प्रचलित रहा; परन्तु सभी महत्वपूर्ण विषयों से सम्बन्धित सर्वोच्च शक्ति नियन्त्रण बोर्ड के उत्तरदायित्व में रखी गई थी। कम्पनी की आय नागरिक और सैनिक प्रशासन, देशी रियासतों के साथ वैदेशिक, कूटनीतिक सम्बन्ध आदि सभी मुख्य विषय नियन्त्रण बोर्ड के हाथों में सौंप दिये गये थे। नियन्त्रण बोर्ड वास्तव में ब्रिटिश मन्त्रिमंडल का ही बढ़ा हुआ एक अंग था। इस नियन्त्रण बोर्ड के सदस्य भी मन्त्रिमंडल के साथ-साथ परिवर्तित होते रहते थे अर्थात् जब मन्त्रिमंडल बदलता था तो नियन्त्रण बोर्ड के सदस्य भी बदल जाते थे। इसका प्रभाव यह हुआ कि कम्पनी के भारतीय प्रशासन पर नियन्त्रण की वास्तविक शक्ति नियन्त्रण बोर्ड में निहित हो गई।

इस अधिनियम ने भारत के एकीकरण में योग दिया। गवर्नर-जनरल का अधिकार सभी गवर्नरों पर स्पष्ट कर दिया गया था। गवर्नर-जनरल की परिषद् के सदस्यों की संख्या कम हो जाने से उसकी स्थिति सशक्त हो गई थी। इस अधिनियम से ब्रिटिश संसद ने अंग्रेजी कम्पनी के भारत में स्थित सभी प्रदेशों पर अपना अधिकार स्थापित कर लिया था। कम्पनी के भागीदारों की स्थिति निर्बल हो गई थी।

## पिट्स इण्डिया अधिनियम के अन्तर्गत कम्पनी का प्रशासन

इस अधिनियम के अन्तर्गत भारतीय प्रशासन के ऊपर नियन्त्रण की वास्तविक शक्ति नियन्त्रण बोर्ड के हाथों में केन्द्रित हो गई। इस समय नियन्त्रण बोर्ड का प्रधान इंग्लैण्ड के प्रधानमन्त्री पिट का मित्र सर हेनरी डन्डास था जो नियन्त्रण बोर्ड की शक्तियों को अधिक प्रभावी बनाना चाहता था। संचालकों के पास केवल नियुक्तियां करने की महत्वपूर्ण शक्ति शेष बची थी। वे ऐसा कोई कार्य करने से भयभीत रहते थे जिससे कि नियन्त्रण बोर्ड नाराज हो सके और उनकी बची हुई शक्ति भी अधिकृत हो जाये। नियन्त्रण बोर्ड का प्रधान व्यावहारिक दृष्टि से अनुत्तरदायी था, उसे वार्षिक आय-व्यय का विवरण संसद के समक्ष प्रस्तुत नहीं करना पड़ता था। प्रारम्भ से ही नियन्त्रण बोर्ड की शक्तियां उसके प्रधान के हाथों में केन्द्रित हो गई थीं।

लार्ड पामर्स्टन का कथन था कि सरकार का कार्य तथा उत्तरदायित्व, नियन्त्रण बोर्ड, डाइरेक्टरों के बोर्ड तथा भारत के गवर्नर-जनरल के मध्य विभक्त

कर दिया गया था और इन सब के कार्य में समता की आशा नहीं की जा सकती थी। किसी भी महत्वपूर्ण सन्देश को भारत जाने से पहले इण्डिया हाऊस तथा कम्पनी के दफ्तर के मध्य भ्रमण करना होता था। पिट्स इण्डिया अधिनियम ने शक्तियां तथा अधिकार नियन्त्रण बोर्ड तथा डाइरेक्टरी के बोर्ड में विभक्त कर दिये, परन्तु उनका पारस्परिक सम्बन्ध उपयुक्त ढंग से स्थापित नहीं किया था। पारस्परिक सम्बन्ध के लिये ऐसी भाषा को प्रयुक्त किया गया, जिससे सभी कुछ अनिश्चित ही बना रहे।

पिट्स इण्डिया अधिनियम ने डाइरेक्टरों को बोर्ड ऑफ कन्ट्रोल के नियन्त्रण में रखा, परन्तु फिर भी डाइरेक्टरों के हाथों में भारतीय प्रशासन में हस्तक्षेप करने का अवसर बना रहा। इसका कारण यह था कि डाइरेक्टरों के पास बहुत से स्थायी नौकर थे और समस्त असली कागजात भी उन्हीं के पास थे। इसका परिणाम यह था कि डाइरेक्टर्स अपनी नीति को सरलता से बना सकते थे। बोर्ड ऑफ कन्ट्रोल ऐसा नहीं कर सकता था क्योंकि उसके पास साधन नहीं थे। परिणामस्वरूप बोर्ड ऑफ कन्ट्रोल, डाइरेक्टरों के परामर्शों को रद्द नहीं कर पाता था। 1784 ई. से 1833 ई. के मध्य डाइरेक्टरों के लगभग 50 प्रस्ताव नियन्त्रण बोर्ड के सदस्यों को अपने हाथ में करने का यह भी ढंग था कि वे उनके इच्छित व्यक्तियों को नौकरियों में नियुक्त कर देते थे। इसका अभिप्राय यह नहीं था कि बोर्ड ऑफ कन्ट्रोल तथा डाइरेक्टरों के मध्य संघर्ष नहीं था। बोर्ड ऑफ कन्ट्रोल तथा डाइरेक्टरों के बोर्ड की शक्तियाँ और अधिकार ठीक प्रकार से विभक्त नहीं थे अतः पारस्परिक संघर्ष की सम्भावना सदैव बनी रहती थी। बोर्ड ऑफ कन्ट्रोल का यह दावा था कि जो शक्तियां और अधिकार उनको दिये गये हैं उनमें नौकरियों की व्यवस्था भी सम्मिलित है परन्तु डाइरेक्टरों ने इसे अपना अधिकार बतलाया और नौकरियों पर अपना अधिकार 1853 ई. तक जमाये रखा।

नियन्त्रण बोर्ड और डाइरेक्टरों के मध्य इस बात पर भी संघर्ष हो गया कि वे सैनिक जो कि ब्रिटिश सरकार ने भारत में भेजे हैं, उनका व्यय ब्रिटिश सरकार वहन करेगी अथवा कम्पनी। डाइरेक्टरों का कथन था कि इसका व्यय ब्रिटिश सरकार को वहन करना चाहिए। यह संघर्ष बढ़ गया तब पिट ने एक कानून पारित करके स्पष्ट किया कि इसका व्यय कम्पनी को वहन करना होगा।

यद्यपि नियन्त्रण बोर्ड को कम्पनी पर पूर्ण नियन्त्रण प्रदान किया गया था तथापि उसके सदस्यों को भारत सरकार के साथ केवल डाइरेक्टरों के माध्यम से ही पत्र-व्यवहार करना पड़ता था। सभी पत्र भारत से डाइरेक्टरों के पास जाते थे और सभी पत्र इंग्लैण्ड से डाइरेक्टरों के माध्यम से भारत आते थे। नियन्त्रण बोर्ड के सदस्यों को कम्पनी का सम्पूर्ण पत्र-व्यवहार देखने का अधिकार दिया

गया था। डाइरेक्टर्स सम्पूर्ण पत्र-व्यवहार की नकलें नियन्त्रण बोर्ड को प्रस्तुत कर देते थे। डाइरेक्टर्स नियन्त्रण बोर्ड की अनुमति के बिना कोई आदेश भारत नहीं भेज सकते थे।

नियन्त्रण बोर्ड के अध्यक्ष की शक्ति इस कारण और भी अधिक बढ़ गई थी कि वह अपने दल (Party) से सम्बद्ध था। डाइरेक्टरों के पास हजारों नौकरियाँ थी और वे नियन्त्रण बोर्ड के अध्यक्ष से इसलिये भयभीत थे कि वह अपने प्रभाव से उनको इस अधिकार से वंचित न करा दें। जैसे-जैसे भारत में कम्पनी के राज्य का विस्तार होता चला गया, नौकरियां भी बढ़ती चली गई। इस अधिकार को अपने हाथ में रखने के लिए डाइरेक्टरों ने नियन्त्रण बोर्ड के समक्ष घुटने टेक दिये।

नियन्त्रण बोर्ड के अध्यक्ष का भारत के विदेशी मामलों में पूर्ण अधिकार था परन्तु आन्तरिक प्रशासन पर नहीं। डाइरेक्टरों के पास उतनी ही शक्ति थी जितनी कि किसी नगरपालिका के मेयर की।

दोहरी सरकार की व्यवस्था ने गवर्नर-जनरल की स्थिति को बहुत कठिन बना दिया था। उसको दो स्वामियों का कथन मानना पड़ता था। दोनों स्वामियों के मध्य, यदि वे परस्पर विरोधी हों, तो नीति निर्धारित करना बहुत कठिन था। ऐसे समय में गवर्नर-जनरल अपनी इच्छानुसार कार्य कर लेता था और इंग्लैण्ड स्थित सत्ता की परवाह न करता था।

नियन्त्रण बोर्ड के अध्यक्ष की निरंकुश शक्ति ने भारत सरकार को कई युद्धों में धकेल दिया था, जिसमे धन, जन की अपरिमित क्षति हुई थी।

इतना होने पर भी यह व्यवस्था 1858 तक बनी रही, उसकी समाप्ति, कम्पनी की समाप्ति के साथ ही हुई। ऐसी व्यवस्था इतनी देर तक इसलिये चलती रही क्योंकि कम्पनी के डाइरेक्टरों को कुछ देना ही था। उन्होंने अपनी हिम्मत से ब्रिटिश सरकार के लिए भारत में एक बड़ा साम्राज्य स्थापित किया था और यह उचित न समझा गया कि वह उनके हाथों से शीघ्र ही अधिकृत कर लिया जाये। 1784 ई. के पिट्स इण्डिया एक्ट में प्रथम महत्वपूर्ण संशोधन 1786 ई. के अधिनियम द्वारा किया गया था।

**1786 ई. का अधिनियम**—पिट द्वारा पारित इस अधिनियम से गवर्नर-जनरल के पद पर कार्नवालिस की नियुक्ति की गई। उसे मुख्य सेनापति भी बनाया गया। उसे विशेष स्थिति में अपनी परिषद् के निर्णयों को रद्द करने तथा अपने निर्णय लागू करने का अधिकार भी प्रदान किया गया था। इस समय भारत में कम्पनी के प्रशासन में न्याय-व्यवस्था को सुदृढ़ करने और गतिशील बनाने की नितान्त आवश्यकता थी, इसके अतिरिक्त राजस्व तथा प्रशासन के विविध अंगों में

व्यवस्था हेतु शीघ्र निर्णय करने, उन्हें क्रियान्वित करने की आवश्यकता थी, अतः गवर्नर-जनरल की स्थिति को सर्वोपरि बनाना, परिषद् की जटिलताओं से उसे मुक्त करना आवश्यक था। इसलिये इस अधिनियम से उसे यह अधिकार प्रदान किये गये थे। इसके दूरगामी परिणाम हुये। प्रशासनिक सुधारों में वह प्रभावशाली सिद्ध हुआ, इसने भूमि के पट्टे, न्यायिक तथा पुलिस प्रबन्ध कुशलतापूर्वक स्थापित करने में सफलता प्राप्त की।

# 4

# ईस्ट इण्डिया कम्पनी का प्रशासन तथा 1793, 1813, 1833, 1853 ई. के चार्टर अधिनियम

पिट्स इण्डिया अधिनियम तथा 1786 के अधिनियम उपरान्त ब्रिटिश संसद ने ईस्ट इण्डिया कम्पनी के चार्टर को नया करने के लिए प्रथम चार्टर अधिनियम सन् 1793 ई. में पारित किया। इस चार्टर ने प्रशासकीय व्यवस्था में कोई मौलिक परिवर्तन नहीं किया था। यह चार्टर बहुत विस्तृत था, इसमें पुराने कानूनों को अधिकांशतया रद्द कर दिया गया था और शेष प्रचलित कानूनों को संगृहित कर लिया गया था।

1793 ई. का चार्टर अधिनियम (The Charter Act of 1793)–इस अधिनियम के मुख्य प्रावधान थे–

**प्रावधान**–कम्पनी के व्यापारिक अधिकारों को और 20 वर्ष के लिये बढ़ा दिया गया। 1786 के अधिनियम द्वारा, अपनी परिषद् के निर्णयों को रद्द करने की जो शक्ति लार्ड कार्नवालिस को प्रदान की गई थी, वह भविष्य में होने वाले सभी गवर्नर-जनरलों तथा गवर्नरों को भी प्रदान कर दी गई।

गवर्नर-जनरल का बम्बई तथा मद्रास की प्रेसीडेन्सियों पर अधिकार स्पष्ट कर दिया गया।

यदि गवर्नर-जनरल बंगाल से बाहर जाता था तो उसे अपनी परिषद् के असैनिक सदस्यों में से किसी एक को उप-प्रधान नियुक्त करना होता था ताकि वह उसके स्थान पर कार्य संचालन कर सके। जब वह मद्रास अथवा बम्बई जाता था। तो उसे स्थानीय प्रशासन में स्थानीय गवर्नर को प्रत्यादिष्ट (overide) करने का अधिकार दिया गया।

मुख्य सेनापति को गवर्नर-जनरल की परिषद् का स्वतः ही (*Ipso facto*) सदस्य होने का अधिकार नहीं था।

गृह सरकार के नियन्त्रण बोर्ड में एक आयुक्त इसका अध्यक्ष बना दिया गया। इसके दो कनिष्ठ सदस्य अब सम्राट की प्रिवी कौंसिल के सदस्य होने आवश्यक नहीं थे।

इन सभी सदस्यों को भारतीय कोष से वेतन मिलता था। यह परम्परा 1919 तक चलती रही।

अपने कार्यकाल में गवर्नर-जनरल, गवर्नरों, मुख्य सेनापति तथा कुछ अन्य उच्च अधिकारियों को भारत से बाहर जाने के अवकाश की अनुमति न दिये जाने की व्यवस्था की गई थी।

कलकत्ता उच्चतम न्यायालय का नावाधिकरण क्षेत्र अधिकार बढ़ाकर महासमुंद्र तक कर दिया गया।

इस अधिनियम ने भारतीय अधिकारियों, नागरिक सेवकों के सदस्यों को जस्टिस ऑफ पीस, प्रेसीडेन्सी नगरों में सफाई अधिकारी नियुक्त करने तथा उसके लिये स्थानीय कर लगाने के भी अधिकार प्रदान किये।

बिना अनुमति पत्र के शराब की बिक्री पर रोक लगा दी गई।

## 1793 के चार्टर अधिनियम का मूल्यांकन तथा व्यवस्थायें

भारतीय शासन विकास की दृष्टि से यह चार्टर अधिनियम विशेष महत्व का न था। इसके द्वारा कम्पनी के चार्टर की अवधी 20 वर्ष के लिये बढ़ा दी गई थी। इस अधिनियम ने कई पुराने कानूनों को समाप्त कर दिया। इस अधिनियम द्वारा गवर्नर-जनरल और गवर्नरों को अपनी कार्यकारिणी परिषद् के बहुमत पर आधारित निर्णयों के विरुद्ध कार्य करने की शक्ति प्राप्त हो गई थी। गवर्नर-जनरल को प्रान्तीय शासनों पर नियन्त्रण के अधिकारों को कुछ अधिक बल मिला था। जब गवर्नर-जनरल किसी प्रान्त के दौरे पर जाता था तो वह उस प्रान्त के गवर्नर के सभी अधिकारों का प्रयोग कर सकता था। उसे अपनी परिषद् में से एक का उप-प्रधान नियुक्त करने की भी शक्ति प्राप्त हो गई थी। परिषदों की कार्य-प्रणाली के विषय में भी नियम बनाये गये। एक नियम के अनुसार गवर्नर-जनरल अथवा गवर्नर और उसकी परिषद् के निर्णय और आदेश सपरिषद् गवर्नर-जनरल अथवा गवर्नर के नाम से निकलने लगे। यह व्यवस्था उत्तरदायी शासन के लागू होने तक चलती रही। सर्वोच्च सेनापति परिषद् का सदस्य नहीं रहा। इस अधिनियम के द्वारा नियन्त्रण बोर्ड के सदस्यों और अधीनस्थ कर्मचारियों का वेतन आदि भारतीय कोष से दिया जाने लगा। इस अधिनियम ने भारतीय अधिकारियों, नागरिक सेवाओं के सदस्यों को जस्टिस ऑफ पीस, प्रेसीडेन्सी नगरों में सफाई अधिकारी नियुक्त करने तथा उसके लिये स्थानीय कर लगाने के भी अधिकार प्रदान किये थे।

भारत में अंग्रेज व्यापारी भारतीय नरेशों को बहुत ऊँचे सूद की दर पर ऋण दिया करते थे। इस प्रथा के दोषों के विरुद्ध दोनों देशों में आवाज उठी, फलस्वरूप 1797 ई. में एक अधिनियम ने, ब्रिटिश नागरिकों द्वारा अनधिकृत ऋण

दिये जाने के विरुद्ध, भारी दण्ड की व्यवस्था की थी। 1807 ई. के अधिनियम से मद्रास, बम्बई के गवर्नरों और उनकी परिषदों को रेगुलेशन बनाने की वही शक्तियां प्रदान की गईं जो कि बंगाल प्रेसीडेन्सी को प्राप्त थी। परन्तु इस विषय में यह शर्त रखी गई थी कि उनकी सर्वोच्च न्यायालय में रजिस्ट्री हो और उन पर न्यायालय की अनुमति प्राप्त कर ली गई हो, तभी वे रेगुलेशन क्रियान्वित किये जा सकते थे।

## 1813 का चार्टर अधिनियम (The Charter Act of 1813) पारित होने की पृष्ठभूमि, घटनायें

1813 ई. में जबकि कम्पनी के चार्टर की अवधि समाप्त होने को थी तो इस विषय पर बहुत तीव्र वाद-विवाद हुआ कि कम्पनी के व्यापारिक अधिकारों को बढ़ाया जाये अथवा नहीं। कम्पनी का भारतीय साम्राज्य इतना विस्तृत हो गया था कि कम्पनी के लिए यह सम्भव नहीं था कि वह व्यापारिक तथा राजनैतिक अधिकारी के रूप में कार्य कर सके। इसके अतिरिक्त समकालीन यथेच्छाचारिता (laissez-faire) के सिद्धान्त तथा नैपोलियन बोनापार्ट द्वारा चलाई गई महाद्वीपीय पद्धति द्वारा अंग्रेजों के लिए यूरोपीय व्यापार बन्द होने के कारण सब लोगों की यही इच्छा थी कि कम्पनी का व्यापारिक एकाधिकार समाप्त कर दिया जाये। ईसाई पादरियों को भारत में धर्म प्रचार करने की अनुमति का मामला भी इस समय संसद में विचाराधीन था। कम्पनी के भारतीय प्रशासन की भी समीक्षा की जा रही थी। अतः इंग्लैण्ड में कम्पनी के मामलात् के सम्बन्ध में इस समय आन्दोलन जैसी लहर व्याप्त थी। लोग कम्पनी के व्यापारिक एकाधिकार को समाप्त करने की मांग कर रहे थे। वारेन हेस्टिंग्ज़, मैलकम तथा मुनरो ने कम्पनी के सर्वाधिकार की रक्षा की। अन्त में बहुत से परिवर्तनों, समझौतों के पश्चात् 1813 का चार्टर अधिनियम स्वीकृत हुआ। इस अधिनियम के मुख्य प्रावधान थे–

**प्रावधान**–इस अधिनियम ने कम्पनी के चार्टर का 20 वर्ष के लिए पुनः नवीनीकरण कर दिया।

कम्पनी भारतीय व्यापार के एकाधिकार से वंचित कर दी गई परन्तु चीन का व्यापार तथा चाय के व्यापार का एकाधिकार कम्पनी का बना रहा। इस व्यवस्था के अन्तर्गत कुछ प्रतिबन्धों के अधीन भारत के साथ व्यापार सभी ब्रिटिश व्यापारियों के लिये खोल दिया गया।

इस अधिनियम द्वारा भारत में रहने वाले यूरोपियनों के धार्मिक कल्याण के लिये कुछ धर्माधिकारियों (Bishops and Archdeacons) की नियुक्ति हुई।

इस अधिनियम द्वारा भारतीयों की शिक्षा और धर्म-ज्ञान के लिये व्यवस्था की गई। इस सम्बन्ध में प्रतिवर्ष एक लाख रुपये भारतीय साहित्य सुधार और विद्वानों को प्रोत्साहन हेतु निर्धारित किये गये।

इस अधिनियम में भारतीय राजस्व के प्रयोग के लिए कुछ नियम बनाये गये। कम्पनी के राजस्व पर सबसे प्रथम उत्तरदायित्व सेना को रखना था। ऋण पर ब्याज को देना दूसरी मद थी। नागरिक तथा व्यापारिक कर्मचारियों को रखना तीसरी मद थी। कम्पनी के ऋण को घटाने के सम्बन्ध में भी व्यवस्था की गई थी। कम्पनी को अपने व्यापारिक तथा प्रादेशिक खातों को पृथक-पृथक रखना था।

कम्पनी के राजस्व में से 29 हजार सैनिकों से अधिक नहीं रखे जा सकते थे।

इस अधिनियम में यह भी व्यवस्था थी कि वह भारतीय फौजों के लिए युद्ध के कानून तथा नियम बनाये। कम्पनी को फौजी अदालतें गठित करने का भी अधिकार प्रदान किया गया था।

इस अधिनियम द्वारा नियन्त्रण बोर्ड के व्यवस्था तथा निर्देशन सम्बन्धी अधिकार स्पष्ट, निश्चित तथा विस्तृत कर दिये गये थे।

भारत में स्थानीय सरकारों को व्यक्तियों पर कर लगाने तथा कर न देने वालों को दण्डित करने का अधिकार दिया गया। इन अधिकारों का प्रयोग स्थानीय सरकारें सर्वोच्च न्यायालय के निर्देशन में कर सकती थीं।

इस अधिनियम के द्वारा कम्पनी के नागरिक तथा सैनिक कर्मचारियों के प्रशिक्षण की भी व्यवस्था की गई। हेलीबरी के कालेज तथा अदिसकोम्ब के फौजी स्कूल को चालू रखने और उन्हें नियन्त्रण बोर्ड के अधिकार में संचालित करने की व्यवस्था की गई थी।

## 1813 के चार्टर अधिनियम का मूल्यांकन तथा व्यवस्थायें

इस अधिनियम के द्वारा कम्पनी का भारतीय व्यापार का एकाधिकार समाप्त हो गया यद्यपि उसके चीन के व्यापार का तथा चाय के व्यापार का एकाधिकार चलता रहा। कम्पनी के भागीदारों को इससे अधिक हानि नहीं उठानी पड़ी क्योंकि उन्हें भारतीय राजस्व से 10½ प्रतिशत लाभांश मिलने लगा था। कम्पनी को और अगले 20 वर्ष के लिए भारतीय प्रदेशों तथा राजस्व पर नियन्त्रण का अधिकार दे दिया गया था यद्यपि यह प्रगट कर दिया गया था कि इससे क्राउन के प्रभुत्व पर कोई प्रतिकूल प्रभाव नहीं होगा। यहाँ पर यह स्मरण रहना चाहिए कि भारत में अंग्रेजी साम्राज्य की संवैधानिक स्थिति पहली बार स्पष्ट की गई थी। व्यापारिक लेन-देन तथा राजस्व खाते भिन्न-भिन्न रखने होते थे। इस अधिनियम द्वारा नियन्त्रण बोर्ड की अधीक्षण तथा निर्देशन की शक्ति को न केवल परिभाषित अथवा स्पष्ट किया गया अपितु उसका पर्याप्त रूप से विस्तार किया गया था। एक तथ्य जिसने 1813 के चार्टर अधिनियम को स्मरणीय बना दिया, वह यह

था कि एक लाख रुपया वार्षिक विद्वान भारतीयों के प्रोत्साहन तथा साहित्य के सुधार तथा पुनरूत्थान के लिये एवम् भारतीय प्रदेशों में विज्ञान की उन्नति तथा आरम्भ करने के लिए पृथक रख दिया गया था। इस धारा के अनुसार ईस्ट इण्डिया कम्पनी की सरकार ने जनता में विद्या प्रसार का बीड़ा उठाया, अतएव यह भारत सम्बन्धी अंग्रेजी घोषणाओं में विशेष महत्व रखता है।

इस अधिनियम के कुछ गम्भीर दोष भी थे। पहला दोष यह था यूरोपियनों के धार्मिक कल्याण के लिए जिन धर्माधिकारियों की नियुक्ति की गई थी उनका सम्पूर्ण व्यय भारतीय कर-दाताओं को ही वहन करना था। कालान्तर में ईसाई धर्म प्रचारकों की बाढ़ आ गई जिससे भारतीय क्षुब्ध होने लगे। दूसरा, गम्भीर दोष यह रहा कि अंग्रेज अपने व्यापार के अधिकाधिक विस्तार के फलस्वरूप इस देश में आने लगे। इस अधिनियम ने भारत की दस्तकारी, कला-कौशल को समाप्त करने में योग दिया। अंग्रेज बड़ी संख्या में भारत आकर स्थायी रूप से रहने लगे। अतएव इस अधिनियम का भारतीय जन-जीवन पर बड़ा अहितकारी प्रभाव पड़ा।

### 1833 का चार्टर एक्ट (The Charter Act of 1833) पारित होने की घटनायें तथा पृष्ठभूमि

1813 और 1833 के चार्टर अधिनियमों के मध्य इंग्लैण्ड में बहुत से परिवर्तन हुये थे। देश में औद्योगिक क्रान्ति के फलस्वरूप उत्पादन में अत्यधिक वृद्धि हो गई थी। सस्ती वस्तुओं के कारण देश की प्रजा का जीवन स्तर ऊंचा हुआ तथा अब देश से वस्तुओं के निर्यात के कारण अनन्त धन देश में आना आरम्भ हो गया था जिससे लोगों ने एक नवीन स्वतन्त्रता का अनुभव किया। इससे वर्ग चेतना उत्पन्न हुई जिसने अंग्रेजी राजनीति को नई दिशा प्रदान की। देश में नये बुद्धिजीवी वर्ग ने मजदूरों के अधिकारों के लिए आन्दोलन करना आरम्भ कर दिया और नई जागृति, समकालीन साहित्यकारों ने अपने लेखों द्वारा, जनता तक पहुंचाई।

1830 ई. में ह्विग (Whig) दल इंग्लैण्ड में सत्तारूढ़ हुआ, उसने उदारवादी नीतियों का मार्ग प्रशस्त किया। इससे फ्रांसीसी क्रान्ति का प्रत्यक्ष प्रभाव परिलक्षित होने लगा। 'मानव के अधिकारों' का स्पष्ट प्रचार होने लगा। 1832 में 'संसद में सुधार एक्ट' पारित हुआ जिसके अन्तर्गत इंग्लैण्ड की जनता के लिये विभिन्न सुधार कार्य प्रारम्भ हुये। मानव की प्रतिष्ठा को और गरिमा को मान्यता दी जाने लगी। यथेच्छाचारिता (laissez-faire) के सिद्धान्त को अधिक स्वीकृति दी जाने लगी। समस्त वातावरण में सुधार विद्यमान थे। 1813 और 1833 के मध्यकाल में ब्रिटिश पार्लियामेंट ने भारत के सम्बन्ध में कई कानून बनाये थे परन्तु वे महत्वपूर्ण न थे।

ऐसे सुधारों के समय में संसद को 1833 में कम्पनी के चार्टर का नवीनीकरण करना था। अधिकांश संसद सदस्य चाहते थे कि कम्पनी को समाप्त कर दिया जाये, क्राउन को भारत का प्रशासन अधिग्रहीत कर लेना चाहिए। परन्तु बहुमत इस पक्ष में नहीं था। मेकॉले उन दिनों नियन्त्रण बोर्ड के सचिव थे, वे कम्पनी के प्रशासन में सुधार चाहते थे, लेकिन कम्पनी को समाप्त करने के पक्ष में नहीं थे। जेम्स मिल जो बेन्थम का अनुयायी था तथा इण्डिया हाऊस में उच्च पदस्थ अधिकारी था, भी मेकॉले की नीतियों से सहमत था। इन दोनों प्रमुख व्यक्तियों की नीतियों की स्पष्ट छाप इस नये चार्टर में दिखाई पड़ी। कम्पनी के चार्टर को नवीनीकृत करने के पूर्व भारतीय प्रशासन की विधिवत् जांच कराई गई और फिर काफी विचार-विमर्श के उपरान्त 1833 का चार्टर पारित किया गया, जो भारत के संवैधानिक इतिहास में अत्यन्त महत्वपूर्ण अधिकार पत्र है।

**1833 के चार्टर अधिनियम के प्रावधान**–इस अधिनियम के फलस्वरूप कम्पनी को आगामी 20 वर्ष के लिए पुनः जीवनदान प्राप्त हुआ। कम्पनी को महामहिम सम्राट तथा उसके उत्तराधिकारियों की ओर से भारत को प्रन्यास (Trust) के रूप में अपने नियन्त्रण में रखने तथा प्रशासन करने की अनुमति प्रदान की गई।

कम्पनी के व्यापारिक अधिकार समाप्त कर दिये गये और उसे भविष्य में केवल राजनैतिक कार्य ही करने थे।

भारत को कम्पनी के ऋणों का भुगतान करना था अर्थात् भारतीय राजस्व से भागीदारों को 10½ वार्षिक लाभांश भी देने की व्यवस्था की गई थी। यह भी व्यवस्था की गई कि 12 लाख पौंड का संचयन किया जाये जिससे भविष्य में कम्पनी की अंश पूंजी अथवा स्टॉक (stock) को खरीदा जा सके।

इस अधिनियम से कम्पनी के डाइरेक्टरों का संरक्षण कम कर दिया गया।

नियन्त्रण बोर्ड में सभी प्रमुख मन्त्रियों को सम्मिलित कर लिया गया।

इस अधिनियम ने भारतीय प्रशासन का केन्द्रीयकरण प्रारम्भ कर दिया। बंगाल का गवर्नर भारत का गवर्नर-जनरल कहलाने लगा। सपरिषद् गवर्नर-जनरल को कम्पनी के सैनिक तथा असैनिक कार्य का नियन्त्रण, निरीक्षण तथा निर्देशन का उत्तरदायित्व सौंपा गया। बम्बई, मद्रास तथा अन्य सभी अंग्रेजों के प्रदेश गवर्नर-जनरल के नियन्त्रण में रखे गये। सभी कर सपरिषद् गवर्नर-जनरल की आज्ञा से ही लगाये जा सकते थे और उसे ही इसके व्यय का अधिकार प्रदान किया गया था। इस प्रकार प्रशासन तथा वित्त की सभी शक्तियां सपरिषद् गवर्नर-जनरल के हाथ में आ गई थीं।

इस अधिनियम ने कानून बनाने की शक्ति का भी केन्द्रीयकरण कर दिया। 1833 से पूर्व पांच प्रकार के कानून लागू होते थे जो कई बार एक दूसरे के विरोधी थे, इससे अव्यवस्था फैलती थी। उदाहरण के रूप में ब्रिटिश संसद द्वारा पारित कानून, सपरिषद् गवर्नर-जनरल द्वारा पारित कानून, उच्चतम न्यायालय द्वारा दी गई आज्ञायें, बम्बई तथा मद्रास प्रेसीडेन्सियों द्वारा बनाये गये कानून, समस्त भारत में प्रचलित थे। 1833 से पूर्व की कानूनी व्यवस्था की एक झलक कानूनी आयोग द्वारा किये गये सर्वेक्षण से स्पष्ट है कि जिस अपराध के लिए बम्बई प्रेसीडेन्सी में दुगना दण्ड प्रदान किया जाता था अर्थात् कानूनी प्रक्रिया, दण्ड प्रक्रिया में सभी स्थानों पर न तो एकरूपता थी और न समता। इसी प्रकार बहुत सी असंगत बातें थी। परिणामस्वरूप फौजदारी कानून में पूर्णतया अव्यवस्था की स्थिति विद्यमान थी। यह अनुभव किया जा रहा था कि समस्त देश के लिए एक ही दण्ड संहिता हो। यह इसलिये भी आवश्यक था, क्योंकि बहुत से अंग्रेज भी भारत के भिन्न-भिन्न भागों में रहने लगे थे। अतएव इस अधिनियम में इस बात की व्यवस्था की गई कि कानूनी केन्द्रीयकरण किया जाये। इस अधिनियम से केवल सपरिषद् गवर्नर-जनरल को ही भारत के लिए कानून बनाने का अधिकार प्राप्त हुआ। बम्बई, मद्रास की प्रेसीडेन्सियों को कानून बनाने की शक्ति इस अधिनियम द्वारा समाप्त कर दी गई। सपरिषद् गवर्नर-जनरल सभी विषयों पर, सभी स्थानों तथा लोगों के लिए कानून बना सकता था और उसके कानून सभी न्यायालयों द्वारा लागू किये जाने थे। सैनिक अनुशासन संहिता तथा युद्ध नियमावली भी बना सकता था और न्याय प्रशासन के लिए भी व्यवस्था कर सकता था। कुछ मामलों में उसकी कानून बनाने की शक्ति पर प्रतिबन्ध लगे थे, जैसे वह कम्पनी के संविधान तथा चार्टर एक्ट में परिवर्तन नहीं कर सकता था। इसी प्रकार वह क्राउन के विशेषाधिकारों (Prerogatives) को अथवा ब्रिटिश संसद के बनाये कानूनों तथा उसके अधिकारों में कोई परिवर्तन नहीं कर सकता था।

इस अधिनियम द्वारा विधान बनाने के लिये गवर्नर-जनरल की परिषद् में कानूनी सदस्य, एक चौथे सदस्य के रूप में सम्मिलित कर लिया गया। यह चौथा सदस्य कानून बनाने के लिए अपनी व्यवसायिक मन्त्रणा (professional advice) देने के लिए था। सैद्धान्तिक रूप में वह केवल कानून बनाते समय ही गवर्नर-जनरल की परिषद् में भाग ले सकता था तथा मत दे सकता था। परन्तु डाइरेक्टरों के कहने पर मेकॉले को जो इस पद का प्रथम अधिकारी था, सभी बैठकों में सम्मिलित कर लिया जाने लगा था।

भारतीय कानूनों को संचति, संहिताबद्ध तथा सुधारने हेतु एक विधि आयोग की नियुक्ति की व्यवस्था इस अधिनियम में निहित थी।

इस अधिनियम में यह भी व्यवस्था थी कि किसी भी भारतीय अथवा क्राउन की देशज प्रजा को अपने धर्म, जन्म स्थान, वंशानुक्रम, वर्ग अथवा इनमें से किसी एक कारणवश कम्पनी के अधीन किसी स्थान, पद अथवा सेवा के अयोग्य नहीं माना जायेगा।

इस अधिनियम के अन्तर्गत भारत सरकार को दासों की व्यवस्था सुधारने और अन्ततः दासता समाप्त करने के लिये भी आज्ञा दी गई।

यूरोपवासियों को भारत आने तथा बसने की अनुमति इस अधिनियम द्वारा प्रदान की गई थी।

इस अधिनियम द्वारा बम्बई, मद्रास, कलकत्ता में बिशपों की नियुक्ति की व्यवस्था की गई थी।

इस अधिनियम द्वारा बंगाल प्रेसीडेन्सी को दो प्रेसीडेन्सियों में विभक्त करने (आगरा प्रेसीडेन्सी, बंगाल प्रेसीडेन्सी) की व्यवस्था की गई थी परन्तु 1835 के कानून द्वारा इसे रद्द करके उत्तर पश्चिमी प्रान्त का गठन किया गया और उसमें उप-राज्यपाल की नियुक्ति की व्यवस्था की गई। भारत के गवर्नर-जनरल को बंगाल के गवर्नर के रूप में कार्य करते रहने का अधिकार था।

## 1833 के चार्टर अधिनियम का मूल्यांकन तथा व्यवस्थायें

इसमें रंचमात्र सन्देह नहीं कि 1833 के चार्टर अधिनियम से भारत के संवैधानिक विकास में अत्यन्त महत्वपूर्ण परिवर्तन हुये थे। कम्पनी के भारतीय चाय तथा चीन के व्यापार का एकाधिकार भी समाप्त कर दिया गया था अर्थात् 1813 में आरम्भ किया हुआ कार्य अब पूर्ण कर दिया गया था। अब कम्पनी को केवल प्रशासन पर ही ध्यान देना था जैसा कि मार्शमन ने कहा, कि अब सरकार के कार्य को व्यापारिक कार्य से पृथक कर दिये जाने के कारण डाइरेक्टरों के बोर्ड की नीति में कुछ उत्थान आया और उनके प्रशासन में कुछ अधिक कार्यकुशलता आई।

कानूनों को संहिताबद्ध करना भी एक महत्वपूर्ण बात थी, जैसा कि कीथ ने लिखा है, "1833 से पहले यह कहना बहुत कठिन था कि कानून क्या है, क्योंकि देश में बहुत से पृथक-पृथक कानून लागू थे, अतएव एक विशेष मामले में कौन-सा कानून लागू है, यह जानना अत्यन्त कठिन था।" इस अधिनियम की अनुमति द्वारा गवर्नर-जनरल को विधि आयुक्तों की नियुक्ति की अनुमति दी गई ताकि भारत में लागू भिन्न-भिन्न कानूनों को अध्ययन, एकत्रित तथा संहिताबद्ध किया जा सके।

दासता को समाप्त करने तथा नियुक्तियों को भेदभाव रहित बनाने की व्यवस्था भी बहुत महत्वपूर्ण थी। इस अधिनियम की धारा 87 में व्यक्त था,

"किसी भी भारतीय अथवा क्राउन की देशज प्रजा को अपने धर्म, जन्म स्थान, वंशानुक्रम, वर्ग अथवा इनमें से किसी एक कारणवश कम्पनी के अधीन किसी स्थान, पद अथवा सेवा के अयोग्य नहीं माना जायेगा।" जैसा कि डाइरेक्टरों का स्पष्ट मत था कि इस धारणा का उद्देश्य, 'योग्यतायें निश्चित करना नहीं है अपितु अयोग्यतायें हटाना है।' इस कानून का स्पष्ट अर्थ यह है कि भारत में कोई शासक वर्ग नहीं होगा तथा जो भी कोई योग्यताओं के प्रमाण स्वीकार कर लिये जाये, उनमें जाति तथा धर्म की विशिष्टता नहीं होगी। तदनन्तर योग्यता का मानदण्ड उपयुक्तता होगी। यह बहुत ही महत्वपूर्ण निर्णय था जिससे कार्नवालिस द्वारा आरम्भ की गई तथा 1793 के चार्टर एक्ट द्वारा स्वीकृत कुत्सित विचार वाली और अल्पदृष्टि वाली नीति जिससे भारतीयों को सभी ऊंचे पदों से वंचित रखा जाता था, उस नीति का अन्त हो गया। परन्तु वास्तव में इस अच्छी व्यवस्था को कार्यान्वित करने के लिए कोई प्रयत्न नहीं किया गया। ऊँचे सैनिक तथा असैनिक पद भारतीयों के लिये बन्द ही रहे। वे केवल छोटे-छोटे पद ही प्राप्त कर सकते थे। कीथ के शब्दों में, "यह उत्तम भावना (जो 1833 के चार्टर एक्ट की धारा 87 में प्रकट की गई थी) व्यवहारिक रूप में बहुत महत्वपूर्ण सिद्ध नहीं हुई क्योंकि मुनरो, मेलकम, एल्फिन्सटन, स्लीमन तथा बिशप हरबर के विचारों के होते हुये भी 500 पौंड वार्षिक वेतन से अधिक सभी पदों के लिये केवल संश्रावित (Covenanted) सेवक ही नियुक्त किये जा सकते थे।" भारतीयों को ऊंचे पदों से वंचित रखे जाने को भारतीयों ने बहुत अपमानित अनुभव किया और कालान्तर में राजनैतिक आन्दोलन में 1833 के चार्टर एक्ट की यह धारा एक मुख्य आधार बन गई।

इस अधिनियम के फलस्वरूप भारत में विधायी क्षेत्र में पूर्ण केन्द्रीयकरण आरम्भ हुआ। इस अधिनियम के अन्तर्गत सपरिषद् गवर्नर-जनरल को भारत में दासता की प्रथा के अन्त करने का कर्तव्य भार सौंपा गया था। उसने 1843 के भारतीय दासता अधिनियम तथा बाद के अधिनियमों द्वारा दास प्रथा को समाप्त कर दिया।

हर्बर्ट कावल के शब्दों में, "1833 के चार्टर अधिनियम ने तीन परिषदों के स्थान पर एक ही केन्द्रीय परिषद् का गठन किया। इस नवीन केन्द्रीय परिषद् को अंग्रेजों के भारत में सभी प्रेसीडेन्सियों के लिए कानून बनाने का अधिकार दिया गया था। ऐसी व्यवस्था 1833 से 1861 तक बनी रही।"

लार्ड मार्ले का मत है, "1833 का चार्टर एक्ट पिट्स के 1784 के प्रसिद्ध एक्ट तथा महारानी विक्टोरिया द्वारा अधिकार लेने के मध्य भारत सरकार का सबसे महत्वपूर्ण शासन पत्र था।" 1833 के अधिकार पत्र पर उदार सिद्धान्तों का स्पष्ट प्रभाव दिखलाई पड़ा। इस अधिकार पत्र का महत्व ईस्ट इण्डिया कम्पनी

के एकाधिकार समाप्त करने, राजनीतिक तथा व्यापारिक क्षेत्रों को अलग करने तथा शासन व्यवस्था में एकता स्थापित करने में था।

## 1853 का चार्टर एक्ट (The Charter Act of 1853) पारित होने की घटनायें तथा पृष्ठभूमि

1833 के चार्ट एक्ट के उपरान्त भारतीय न्यायालयों में वर्नाक्यूलर (हिन्दुस्तानी भाषाओं) का प्रयोग होने लगा और फारसी का स्थान उर्दू ने ले लिया। सबसे अधिक महत्वपूर्ण बात यह हुई कि राज्य की ओर से पश्चिमी ढंग की शिक्षा अंग्रेजी भाषा के माध्यम द्वारा प्रदान की जाने लगी। अंग्रेजी शिक्षा के आरम्भ और न्यायालयों में अंग्रेजी के प्रयोग के परिणामस्वरूप देश में एकता की भावना उत्पन्न हुई। पश्चिमी राजनीतिक विचारधाराओं के अध्ययन और उदारवादी परम्पराओं ने देश में राजनीतिक चेतना को उत्पन्न करने में योग दिया। 1833 की घोषणा के अनुसार एक भी भारतीय अभी तक कार्यपालिका के किसी उच्च पद पर नियुक्त नहीं हुआ था। अतएव बंगाल, मद्रास तथा बम्बई तीनों प्रेसीडेन्सियों के निवासियों ने ब्रिटिश संसद को इस आशय के प्रार्थना पत्र भेजे कि कम्पनी को नया आज्ञा पत्र न प्रदान किया जाय। इन प्रार्थना पत्रों में भारतीय शासन में सुधारों की मांग भी की गई थी। वास्तव में यह प्रार्थना पत्र भारतीय राजनीतिक जागृति के प्रथम प्रत्यक्ष प्रमाण थे। बंगाल से भेजे गये प्रार्थना पत्रों में, जो सुधार मांगे गये थे, वे उल्लेखनीय थे–(i) दुहरे शासन (नियन्त्रण) का अन्त, (ii) भारत मन्त्री और उनकी कौंसिल की नियुक्ति, (iii) प्रान्तों में विधान सभाओं की स्थापना, (iv) गवर्नर-जनरल का कौंसिल के परामर्श से कार्य करना, (v) कुछ सीमा तक प्रान्तीय स्वराज्य की स्थापना, (vi) छोटे कर्मचारियों के वेतन में वृद्धि तथा उच्च अधिकारियों के वेतन में घटोत्तरी करना, (vii) सिविल सर्विस से प्रतियोगी परीक्षाओं के आधार पर प्रत्येक ब्रिटिश प्रजाजन की नियुक्ति। इस प्रकार जब सन् 1853 ई. में चार्टर के नवीनीकरण का समय आया तो एक प्रकार से कम्पनी को भारत छोड़ने का अन्तिम नोटिस दिया गया। इसका अपना कोई कार्य नहीं रह गया था। नियन्त्रण बोर्ड के प्रधान ने भारतीय मामलों का निर्देशन बहुत बड़ी सीमा तक स्वतः ही अधिग्रहीत कर लिया था।

अतएव चार्टर के नवीनीकरण को लेकर संसद में यह मांग बढ़ती जा रही थी कि कम्पनी का इंग्लैण्ड में दोहरा शासन समाप्त कर दिया जाये। यह मांग वस्तुतः ठीक ही थी। डाइरेक्टरों के बोर्ड का कुछ भी लाभ नहीं था। डाइरेक्टरों के बोर्ड तथा नियन्त्रण बोर्ड के कारण अनावश्यक विलम्ब होता था, तथा व्यय में वृद्धि होती थी। यह मांग भारत में प्रेसीडेन्सियों से भी आ चुकी थी और सुझाव यह था कि एक राज्य सचिव (Secretary of State) तथा एक परिषद् ही भारतीय प्रशासन को नियन्त्रित करे। यह भी मांग की जा रही थी कि गवर्नर-

जनरल को बंगाल का गवर्नर नहीं बने रहना चाहिए, क्योंकि ऐसी अवस्था में वह प्राय: बंगाल का ही पक्ष लेगा। इसके अतिरिक्त सिन्ध 1843 में तथा पंजाब 1849 में अंग्रेजी साम्राज्य में सम्मिलित किये जा चुके थे। डलहौजी द्वारा बहुत-सी रियासतों तथा बर्मा में पीगू आदि सभी ब्रिटिश साम्राज्य में सम्मिलित किये जाने से साम्राज्य का क्षेत्रफल बहुत अधिक हो चुका था। इन नवीन प्रदेशों का संवैधानिक प्रावधान भी करने की आवश्यकता अनुभव की जा रही थी। यह भी मांग थी कि शक्तियों का विकेन्द्रीयकरण किया जाये और भारतीय लोगों को स्वशासन में भाग देना चाहिए। इंग्लैण्ड में इस विचार से सहमत लोगों ने इस दृष्टि से सिफारिश भी की थी। अप्रैल 1853 ई. में लार्ड डरबी (Lord Derby) ने संसद में इस तथ्य पर बल देते हुये स्पष्ट किया था, "यह हमारी मानवता, परोपकार, नैतिकता तथा धर्म के नाम पर आवश्यक कर्तव्य है कि सुरक्षा बुद्धिमत्ता और विवेक को ध्यान में रखते हुये जितना शीघ्र हो सके भारतवासियों को अपने आंतरिक मामलों के निरीक्षण का अधिकाधिक कार्यभार शनैः शनैः दे दिया जाना चाहिये।" इस प्रकार के वातावरण में ब्रिटिश संसद को 1853 में चार्टर के नवीनीकरण के सम्बन्ध में विचार-विमर्श करना पड़ा। ब्रिटिश संसद ने कम्पनी के मामलों की जांच के लिये दो समितियां (गुप्त समिति, प्रवर समिति) नियुक्त कीं और फिर उनकी रिपोर्ट के आधार पर 1853 के चार्टर एक्ट पारित किया।

**1853 के चार्ट एक्ट के प्रावधान**–इस एक्ट के अन्तर्गत कम्पनी को महामहिम सम्राज्ञी तथा उसके उत्तराधिकारियों की ओर से प्रन्यास (Trust) के रूप में किसी निश्चित समय के लिये नहीं, अपितु जब तक संसद न चाहे, उस समय तक के लिए भारतीय प्रदेशों को अपने अधीन रखने की अनुमति प्रदान की गई।

इस अधिनियम में यह भी व्यवस्था की गई कि नियन्त्रण बोर्ड, उसके सचिव तथा अन्य पदाधिकारियों का वेतन ब्रिटिश सरकार नियत करेगी परन्तु भुगतान कम्पनी करेगी।

अधिनियम में यह भी व्यवस्था की गई कि डाइरेक्टरों की संख्या 24 से घटाकर 18 कर दी गई और उनमें से 6 क्राउन द्वारा मनोनीत होने थे।

नियुक्तियों के मामले में डाइरेक्टरों का संरक्षण समाप्त हो गया क्योंकि नियुक्तियाँ अब एक प्रतियोगी परीक्षा (Competitive examination) द्वारा होनी थी, जिसमें किसी भी प्रकार का कोई भेदभाव नहीं रखा गया था।

इस अधिनियम द्वारा डाइरेक्टरों के बोर्ड को अनुमति दी गई कि वह नई प्रेसीडेन्सियां बना सके अथवा पुरानी प्रेसीडेन्सियों की सीमाओं में परिवर्तन कर सके।

इस अधिनियम में इस मत की भी व्यवस्था की गई कि क्राउन इंग्लैण्ड में एक विधि आयोग नियुक्त करे जो भारतीय विधि आयोग, जो उस समय तक समाप्त हो चुका था, द्वारा भेजी रिपोर्टों तथा कानूनों के मसविदों का निरीक्षण कर सके तथा विधान बनाने के लिये सिफारिश कर सके।

इस अधिनियम द्वारा भारत में कार्यकारी तथा विधान सम्बन्धी कार्यों के पृथकीकरण की भावना से विधान कार्यों के लिये अन्य सदस्यों का प्रबन्ध किया गया। विधि सदस्य को गवर्नर-जनरल की कार्यकारी परिषद् का पूर्ण सदस्य बना दिया गया और जब यह परिषद् कानून बनाने के लिये बैठे तो इसमें 6 अतिरिक्त सदस्य (उच्चतम न्यायालय के मुख्य न्यायाधीश तथा एक अन्य छोटा न्यायाधीश तथा बंगाल, मद्रास, बम्बई तथा उत्तर-पश्चिमी प्रान्त का एक-एक प्रतिनिधि) होना चाहिये। ये प्रान्तीय प्रतिनिधि असैनिक पदाधिकारी हो, जिनकी कम्पनी की न्यूनतम सेवा दस वर्ष की हो।

गवर्नर-जनरल को दो अन्य असैनिक पदाधिकारी नियुक्त करने का भी अधिकार था, यद्यपि यह अधिकार कभी प्रयुक्त नहीं हुआ।

इस विधान परिषद् की कार्य-प्रणाली अंग्रेजी संसद के अनुसार ही निश्चित की गई थी। प्रश्न पूछे जा सकते थे और कार्यकारी परिषद् की नीति की विवेचना की जा सकती थी। परन्तु कार्यकारी परिषद् को विधान परिषद् के विधेयक को वीटो (Veto) करने का अधिकार था। परिषद् में वाद-विवाद मौखिक ही होता था और विधेयक को एक सदस्य के स्थान पर प्रवर समिति (Select Committee) को सौंपा जाता था और इस विधान परिषद् का कार्य गोपनीय नहीं अपितु सार्वजनिक था।

सर्वोच्च सेनापति को परिषद् का असाधारण सदस्य नियुक्त किया गया। व्यवस्थापिका परिषद् के रूप में कौंसिल के 12 सदस्य होते थे। वे इस प्रकार थे–(i) गवर्नर-जनरल, (ii) सर्वोच्च सेनापति, (iii) कौंसिल के चार सदस्य, (iv) व्यवस्था सम्बन्धी 6 सदस्य। इन छः सदस्यों में से चार प्रान्तों के प्रतिनिधि थे तथा शेष दो मुख्य न्यायाधीश तथा अवर न्यायाधीश थे।

इस अधिनियम ने बंगाल प्रेसीडेन्सी के लिये पृथक गवर्नर की नियुवित की व्यवस्था की। अतएव भारत के गवर्नर जनरल को बंगाल के शासन भार से मुक्त कर दिया गया।

### 1853 के चार्टर अधिनियम का मूल्यांकन तथा व्यवस्थायें

वास्तव में यह अधिनियम दो विरोधी विचारधाराओं के मध्य एक समझौता था। जो व्यक्ति कम्पनी को बनाये रखना चाहते थे वे इस बात से सन्तुष्ट थे कि कम्पनी, जब तक कि संसद ऐसा न चाहे कार्य करती रहेगी। जो व्यक्ति

कम्पनी की समाप्ति चाहते थे, उन्हें इस बात से सन्तोष था कि डाइरेक्टरों की संख्या 24 से घटाकर 18 कर दी गई थी, जिसमें से छः (six) क्राउन द्वारा मनोनीत होने थे। गणपूर्ति (quorum) 10 की थी अर्थात् यदि कुछ डाइरेक्टर न उपस्थित हों तो क्राउन के प्रतिनिधि अपनी बात स्वीकृत करा सकते थे। इस अधिनियम ने डाइरेक्टरों का संरक्षण समाप्त कर दिया था।

इस अधिनियम से गठित विधान परिषद् ने भारतीय सरकार की सम्पूर्ण रचना को परिवर्तित करने का प्रयास किया। विधान परिषद् एक प्रकार से एंग्लो-इण्डियनों का हाऊस ऑफ कामन्स (House of Commons) ही बन गया, जिसमें कार्यकारिणी के कार्यों पर आक्षेप होते थे और उसे गोपनीय पत्रों को भी इस परिषद् के समक्ष रखना पड़ता था।

इस अधिनियम का महत्वपूर्ण दोष यह था कि भारतीयों को अपने विषय में कानून बनाने की अनुमति प्रदान नहीं की गई थी। जैसाकि सर बार्टल फ्रेयर ने व्यक्त किया था, "यह करोड़ो लोगों के लिये कानून बनाने का प्रयोग था जिससे उन्हें केवल विद्रोह के अतिरिक्त और कोई मार्ग नहीं था कि वे कह सकें कि यह कानून हमारे अनुकूल है अथवा प्रतिकूल।"

भविष्य में, इस अधिनियम की व्यवस्था के अनुसार अनुबन्धित सेवाओं (Covenanted service) में रिक्त स्थानों की पूर्ति के लिये प्रतियोगी परीक्षाओं की व्यवस्था की गई थी परन्तु प्रतियोगी परीक्षायें केवल इंग्लैण्ड में ही होनी थीं। 1854 ई. में इस व्यवस्था हेतु एक समिति नियुक्त की गई जिसका अध्यक्ष लार्ड मैकॉले था।

इसी अधिनियम के अन्तर्गत गवर्नर-जनरल से बंगाल के शासन का भार लेफ्टीनेन्ट गवर्नर को सौंप दिया गया। कालान्तर में 1859 में इसी व्यवस्थानुसार पंजाब में भी एक लेफ्टीनेन्ट गवर्नर की नियुक्ति की गई।

यह चार्टर अधिनियमों की सारिणी में अन्तिम चार्टर अधिनियम था। इस चार्टर अधिनियम द्वारा प्रशासन सम्बन्धी कार्यों से विधायी कार्य को पृथक करने में महत्वपूर्ण पग उठाया गया था तथा संचालक समिति की शक्तियों में कमी की गई थी।

आलोचकों का मत है कि 1853 का चार्टर अधिनियम भारत में संसदीय पद्धति के आरम्भ को प्रगट करता है। कावेल के मतानुसार चर्चा लिखित के स्थान पर मौखिक रही। विधेयकों को किसी एक सदस्य के स्थान पर प्रवर समिति को सौंप दिया गया तथा व्यवस्थापिका की कार्यवाही गुप्त रूप में न होकर सार्वजनिक रूप में हुई।

व्यवस्थापिका परिषद् के द्वारा आरम्भ से ही प्रदर्शित स्वतन्त्रता की भावना ने इसके जन्मदाता, सर चार्ल्स बुड (Sir Charles Wood) को जो कि नियन्त्रण बोर्ड के प्रधान थे, बाधा पहुंचाई। उसके शब्दों में, "मैं इसे, जैसा कि कुछ नवयुवक भारतीय समझते हैं, भारत में वैधानिक संसद का प्रारम्भ नहीं मानता हूं।" डलहौजी ने व्यक्त किया था कि उसने व्यवस्थापिका परिषद् को इससे अधिक कोई महत्वपूर्ण अधिकार प्रदान नहीं किया, जैसा कि निर्देश है। यह कथन सही ही है कि वुड न तो प्रथम तथा न ही अन्तिम ऐसा व्यवस्थापक था जो अपनी भावनाओं के अनुसार बिल के परिणामों को सीमित करने में असफल हुआ हो। इस प्रकार अधिनियम निर्माताओं के इरादों के विरुद्ध विधान परिषद् एक प्रकार की लघु पार्लियामेन्ट बन गई, क्योंकि इसके सदस्यों ने कार्यपालिका के कार्यों की आलोचना करने तथा स्वतन्त्र रूप से विधि निर्माण के अधिकारों पर बल दिया।

# 5

# भारतीय अधिनियम 1858 तथा सम्राज्ञी का घोषणा पत्र

भारतीय अधिनियम 1858 के पारित होने की पृष्ठभूमि की विवेचना के पूर्व, यह आवश्यक प्रतीत होता है कि कम्पनी के शासन काल में उसके द्वारा शासित प्रदेशों के विस्तार पर सर्वेक्षण किया जाये। वारेन हेस्टिंग्ज़ के शासन काल में 1778 और 1782 के मध्य में कम्पनी ने मैसूर का द्वितीय युद्ध हैदर अली के विरुद्ध तथा मराठों के विरुद्ध पहला युद्ध किया था। मराठों से विजयश्री मिलने पर कम्पनी को सालसटी द्वीप प्राप्त हो गया था। मैसूर का तृतीय युद्ध, जो लार्ड कार्नवालिस के समय में (1790-92 ई.) लड़ा गया था, श्रीरंगापट्टम की सन्धि के अनुसार टीपू सुल्तान के राज्य का आधा भाग युद्ध के हरजाने सहित कम्पनी को प्राप्त हुआ था। लार्ड वेलेजली के शासनकाल में निजाम हैदराबाद ने कम्पनी से सहायक सन्धि करके अपना राजनीतिक प्रभुत्व कम्पनी को सौंप दिया था। इस सहायक सन्धि (Subsidiary Alliance) के सम्बन्ध में वेलेजली ने स्वत: ही व्यक्त किया था कि मैं राज्यों के ढेर लगा दूंगा और मालगुजारी पर मालगुजारी लाद दूंगा। मैं इतनी शान, इतना धन और इतनी सत्ता इकट्ठी कर दूंगा कि एक बार मेरे महत्वकांक्षी और धन लोलुप मालिक त्राहि-त्राहि चिल्लाने लगेंगे।

सहायक सन्धि का अर्थ था कि देशी नरेश कम्पनी को निर्धारित आर्थिक सहायता देकर कम्पनी की सैनिक मित्रता से लाभ उठा सकें। यह एक प्रकार से देशी नरेशों का उनकी रियासतों के अन्दर उन्हीं के व्यय पर कैद करके रखने का एक अच्छा उपाय था। यह रियासतें प्रकट रूप से विजय नहीं की जाती थीं। इन रियासतों के नरेशों को छत्र, चंवर आदि राजस्व के समस्त चिन्हों सहित सिंहासनों पर बैठे रहने दिया जाता था परन्तु वास्तविक शक्ति कम्पनी के हाथों में आ जाती थी।

1799 ई. में मैसूर पर कम्पनी का प्रभुत्व स्थापित हो गया था परन्तु कम्पनी ने मैसूर का राज्य फिर से वहाँ के हिन्दू राजा को वापस कर दिया। लार्ड हेस्टिंग्ज़ के कार्यकाल में पूर्णतया मराठा शक्ति को नष्ट कर दिया गया

था, पेशवा का पद समाप्त कर दिया गया था। रणजीत सिंह की मृत्यु के उपरान्त कम्पनी ने पंजाब में हस्तक्षेप किया तथा अधिकार स्थापित कर लिया। 1843 ई. में कम्पनी ने सिन्ध को अधिकृत कर लिया। बर्मा के साथ युद्ध में असम, अराकान, रंगून, प्रोम, पीगू के क्षेत्र कम्पनी को प्राप्त हुये थे। इस प्रकार अंग्रेजों के विरुद्ध विद्रोह के राजनीतिक कारण तो कम्पनी के राज्य के विकास में ही अन्तर्हित थे। भारत की आन्तरिक दशा शनैः शनैः विस्फोट के लिये तैयार हो रही थी।

यदि हम 1757 ई. (प्लासी के युद्ध) से लेकर 1856 ई. तक के 100 वर्षों की राजनीतिक प्रगति पर विचार करें तो यह बात स्पष्ट हो जायेगी कि पुराने राजवंशों को रौंदती, पहाड़ों और नदियों की सीमाओं को लांघती हुई कम्पनी के राज्य की गाड़ी आगे रफ्तार में बढ़ती गई। मराठों के विनाश ने हिन्दुओं को आतंकित कर दिया था जब उनके पेशवा को विठूर में बन्दी रखा जा सकता था तो सुरक्षित कौन था? यह प्रश्न सभी के हृदयों को आन्दोलित कर रहा था। मुगल बादशाह की शान को कम्पनी के अधिकारी झुठला रहे थे, इससे मुसलमान क्षुब्ध थे। लार्ड डलहौजी की देशी राज्यों को हड़पने की नीति ने सम्पूर्ण भारतीय नरेशों को क्रुद्ध कर दिया था। कम्पनी के राज्य-विस्तार के साथ-साथ जो राजनीतिक असन्तोष जागृत हुआ, उसी के साथ-साथ सामाजिक, धार्मिक, सैनिक असन्तोष ने 1857 ई. के विद्रोह की पृष्ठभूमि निर्मित कर दी। दिल्ली, मेरठ, आगरा, इलाहाबाद, अवध, रूहेलखण्ड, पटना आदि क्षेत्रों में कुछ समय तक सैनिक शासन व्यवस्था रही, कुछ क्षेत्रों में अंग्रेजी शासन कुछ समय के लिए समाप्त ही हो गया परन्तु सिख राजाओं, राजस्थान के राजाओं ने अंग्रेजों का ही पक्ष लिया। सेना में भी बम्बई, मद्रास की रेजीमेन्टों ने तथा गुरखों ने विद्रोहियों को पराजित करने में योग दिया। अन्त में विप्लवकारियों की पराजय हुई। इस विप्लव में लगभग 30 हजार भारतीय सैनिक तथा एक लाख नागरिक मारे गये थे।

इस विद्रोह के सम्बन्ध में उसकी प्रकृति को लेकर विभिन्न मत हैं। सर जान लारेन्स का मत है कि सैनिक असन्तोष विद्रोह का मुख्य कारण था। जेम्स औटरम का मत है कि यह विद्रोह मुस्लिमों के षड़यन्त्र का परिणाम था। वीर सावरकर के शब्दों में यह स्वातन्त्र्य युद्ध था। उन्होंने इसे प्रथम स्वाधीनता संग्राम कहा है। सुभाषचन्द्र बोस ने इसे राष्ट्रीय क्रान्ति कहा है। श्री आर.सी. मजूमदार के मतानुसार 1857 ई. की घटना मुख्यतः सैनिकों का विद्रोह कही जा सकती है परन्तु कुछ क्षेत्रों में यह विद्रोह व्यापक रूप से फैला और इसने सर्वसाधारण के विप्वल का रूप धारण किया। एस.एन. सेन ने ठीक ही लिखा है कि अवध, फैजाबाद के बाहर सैनिकों को सामान्य जनता से ऐसी सहानुभूति प्राप्त न हुई

कि जिसके कारण इसे राष्ट्रीय युद्ध का नाम दिया जा सके। साथ ही इसे केवल सैनिक विद्रोह कहना भी गलत होगा। विद्रोह ने साधारण विप्लव का रूप धारण किया जबकि मेरठ के विद्रोहियों ने अपने को दिल्ली के सम्राट के अधीन रख दिया और भूमिपतियों के एक वर्ग तथा नागरिक जनसंख्या ने भी उसके पक्ष में घोषणा की। जिस घटना का प्रारम्भ धर्म के लिये युद्ध के रूप में हुआ था उसका अन्त स्वातन्त्र्य समर में हुआ। अन्त में हमें इस निष्कर्ष पर पहुंचने में सहायता प्राप्त होती है कि 1857 ई. की घटना केवल सैनिक विद्रोह न थी, साथ ही यह राष्ट्रीय युद्ध भी न था, इसे हम सैनिकों व सर्वसामान्य जनता, जो कुछ ही क्षेत्र की थी, का विप्लव था।

विद्रोह की समाप्ति के पश्चात् अंग्रेज सैनिक अधिकारियों ने विप्लवकारियों तथा सर्वसामान्य जनता को आतंकित करने के उद्देश्य से अमानुषिक निर्दयता से प्रतिशोध लिया। व्यवस्था स्थापित करने के उद्देश्य से अंग्रेजों ने भीषण अत्याचार किये जिनकी स्मृति भारतीयों के हृदय पटल पर पीढ़ी दर पीढ़ी बनी रही। विद्रोह का सबसे भयंकर परिणाम यह था कि शासक और शासितों के आपसी सम्बन्ध तनावपूर्ण तथा घृणित हो गये थे। इसीलिये कालान्तर में अंग्रेजों ने 'फूट डालो और शासन करो' की नीति अपनायी। परिणामों की दृष्टि से यह कहना युक्तिसंगत है कि चाहे 1857 की क्रान्ति राष्ट्रीय न भी थी परन्तु उससे राष्ट्रवादियों को सदैव प्रेरणा मिलती रही है। अन्त में 1857 की घटना का मुख्य परिणाम यह रहा कि ब्रिटिश पार्लियामेन्ट ने कम्पनी के शासन का अन्त करने के लिए एक विधेयक पारित किया जिसके अनुसार भारत पर ब्रिटिश पार्लियामेन्ट का प्रत्यक्ष शासन आरम्भ हुआ।

## 1858 का भारत सरकार का अधिनियम पारित होने की घटनायें, पृष्ठभूमि

1853 के चार्टर अधिनियम में यह व्यवस्था की गई थी कि कम्पनी को भारतीय प्रदेश तथा राजस्व को क्राउन की ओर से प्रन्यास के रूप में रखना था और किसी निश्चित अवधि के लिये नहीं अपितु संसद की इच्छा तक ही शासन संचालित कर सकती थी। इस प्रकार क्राउन कभी भी कम्पनी से यह प्रशासन अपने हाथ में अधिग्रहीत कर सकता था। 1857-58 की घटनाओं ने इस मांग को, कि व्यापारिक कम्पनी को राजनैतिक शक्ति के रूप में जारी नहीं रखना चाहिए और भी पुष्ट कर दिया। अब इस मांग को ठुकराना सम्भव नहीं था और जब यह अवसर आया तो क्राउन को न केवल वास्तविक रूप से ही अपितु वैधानिक रूप से भी भारत का नियन्त्रण हाथ में लेने के लिये तैयार होना पड़ा।

लार्ड पामर्स्टन ने फरवरी 1858 में भारत शासन को उत्तम बनाने का विधेयक जब संसद के समक्ष रखते हुये स्पष्ट किया कि राजनीतिक प्रणाली का यह नियम

है कि सभी प्रशासनिक कार्यों के लिये मन्त्रियों का उत्तरदायित्व होना चाहिये परन्तु भारतीय प्रशासन के सम्बन्ध में भारत सरकार का मुख्य उत्तरदायित्व एक ऐसी संस्था को प्राप्त है जो संसद के प्रति उत्तरदायी नहीं है और न वह संस्था क्राउन द्वारा नियुक्त की गई है, अपितु उन लोगों द्वारा निर्वाचित है जिनका भारत के साथ कोई सम्बन्ध नहीं है, केवल यही है कि उनके पास भारत के शेयर हैं।

अतएव कम्पनी का मुख्य दोष यह था कि वह पूर्णतया अनुत्तरदायी थी। दूसरा दोष यह भी था कि कम्पनी का प्रशासन जटिल तथा विवेक रहित था। पामर्स्टन का विधेयक पारित नहीं हो पाया इसके पूर्व ही पामर्स्टन का मन्त्रिमंडल भंग हो गया। तत्पश्चात् लार्ड डरबी प्रधानमन्त्री बने। डर्बी के मन्त्रिमंडल में डिजरायली चांसलर ऑफ एक्सचेकर हुये। उन्होंने नया विधेयक संसद में प्रस्तुत किया जिसकी लार्ड पामर्स्टन ने कटु आलोचना की, लार्ड पामर्स्टन इस समय विरोधी दल के नेता थे, फिर भी यह विधेयक पारित हो गया, इस पर 2 अगस्त 1858 ई. को ब्रिटिश सम्राज्ञी ने हस्ताक्षर कर दिये।

**1858 के अधिनियम के प्रावधान**–इस अधिनियम के अनुसार भारत का शासन सम्राज्ञी की ओर से एक मुख्य राज्य सचिव (Principal Secretary of State) जिसे अब भारत राज्य सचिव (Secretary of State for India) की संज्ञा दी गई थी, चलाना था।

भारत राज्य सचिव की सहायता के लिये 15 सदस्यों वाली एक परिषद् गठित करने की व्यवस्था हुई। इन सदस्यों में से 8 की नियुक्ति क्राउन से होनी थी और 7 की डाइरेक्टर्स के बोर्ड द्वारा होनी थी। इन सदस्यों में से कम से कम आधे ऐसे लोग होने थे जो भारत में दस वर्ष तक सेवा कर चुके हों और नियुक्ति के समय उन्हें भारत से वापस हुये 10 वर्ष से अधिक न हुआ हो। क्राउन द्वारा मनोनीत रिक्त स्थानों की पूर्ति क्राउन करेगा तथा डाइरेक्टरों द्वारा मनोनीत व्यक्तियों की रिक्तता को परिषद्, निर्वाचन द्वारा भरेगा।

भारत राज्य सचिव को डाइरेक्टर्स के बोर्ड तथा नियन्त्रण बोर्ड की भुक्त शवितयाँ प्राप्त हुईं और इन दोनों बोर्डों को समाप्त कर दिया गया।

भारत राज्य सचिव की परिषद् के सदस्यों का सदाचारी रहना आवश्यक था। सदस्य, संसद के दोनों सदनों द्वारा क्राउन को याचना करने पर ही हटाया जा सकता था।

भारत राज्य सचिव की परिषद् की भूमिका केवल परामर्शदाता की ही थी और प्राय: बहुत से मामलों में राज्य सचिव ही पहल कर सकता था तथा अन्तत: निर्णय ले सकता था।

भारत के गवर्नर-जनरल को वाइसराय की उपाधि प्रदान की गई। वह क्राउन का सीधा प्रतिनिधि बन गया। यद्यपि उसका अधिकार क्षेत्र तो नहीं बढ़ा परन्तु उसकी मर्यादा अवश्यमेव बढ़ गई।

इस अधिनियम द्वारा संरक्षण (patronage) क्राउन, सपरिषद् भारत राज्य सचिव तथा भारतीय अधिकारियों में विभक्त हो गया। संश्रावित जनपद सेवा (Covenanted Civil Service) में नियुक्तियाँ खुली प्रतियोगिता द्वारा की जाने लगीं जिसके लिये भारत राज्य सचिव ने जनपद सेवा आयुक्तों (Civil Service Commissioners) की सहायता से नियम बनाये।

इस अधिनियम के अनुसार भारत राज्य सचिव एक निगम निकाय (Corporate body) घोषित किया गया जिस पर भारत तथा इंग्लैण्ड में दावा किया जा सकता था, अथवा जो दावा दायर कर सकता था।

इस अधिनियम ने कम्पनी की नाविक शक्ति तथा सैनिक सेवाओं को ताज की सेवाओं में परिवर्तित कर दिया। भविष्य में वे भारतीय नाविक तथा सैनिक सेवायें कहलाने लगी। भविष्य में इन सेवाओं में भरती होने वाले व्यक्तियों की सेवा की शर्तों में परिवर्तन करने का अधिकार भी ताज को प्राप्त हुआ।

सपरिषद् भारत राज्य सचिव के लिए यह आवश्यक था कि वह प्रतिवर्ष ब्रिटिश पार्लियामेन्ट के दोनों सदनों के समक्ष भारतीय आय का वित्तीय विवरण रखे, भारत की नैतिक, भौतिक उन्नति तथा भारतीय दशा का विवरण भी प्रस्तुत करे।

## 1858 के अधिनियम की विवेचना, महत्व तथा मूल्यांकन

यह ठीक ही कहा जाता है कि क्राउन द्वारा 1858 में भारतीय प्रशासन को अपने हाथ में अधिग्रहीत करना एक औपचारिकता मात्र ही था, यथार्थता नहीं। जैसाकि हम देख चुके हैं कि क्राउन कम्पनी पर अपना अधिकार क्षेत्र बढ़ाता चला जा रहा था। मुख्यतया वे नियम जिनके द्वारा भारत का प्रशासन 1858 के अधिनियम से पूर्व चलता था, ब्रिटिश संसद द्वारा ही बनाये जाते थे। जान स्टुअर्ट मिल के भारत सम्बन्धी याचना पत्र में निर्देशित किया गया था कि अंग्रेजी सरकार के पास बहुत समय से निर्णायक शक्ति थी और भारत में जो कुछ भी प्रशासन में कार्य किया जा रहा था उसका उत्तरदायित्व उस पर ही था। गवर्नर-जनरल इस तथ्य से भली-भांति अवगत था कि यद्यपि कहने को वह कम्पनी के नियन्त्रण बोर्ड का सेवक है परन्तु वास्तव में वह ब्रिटिश मन्त्रिमंडल और भारतीय मन्त्री जो कि नियन्त्रण बोर्ड का अध्यक्ष होता था, उसके प्रति उत्तरदायी है और उनके द्वारा अंग्रेजी संसद के प्रति। 1773 के रेगुलेटिंग एक्ट से आरम्भ करके, कानूनों

की एक लड़ी द्वारा (1784, 1793, 1813, 1833 और 1853) डाइरेक्टर्स की शक्ति कम होती चली गई थी और अब केवल नाम-मात्र ही थी।

1813 और 1833 के चार्टर एक्ट में यह स्पष्ट व्यक्त कर दिया गया था कि जो प्रदेश कम्पनी ने विजित किये हैं उन सभी पर क्राउन की प्रभुसत्ता है और 1853 में पुनः यह कह दिया गया था कि कम्पनी इन भारतीय प्रदेशों तथा राजस्व को क्राउन की आज्ञा तक, प्रन्यास के रूप में सम्भाले हुये हैं। कम्पनी की संरक्षण की शक्ति समाप्त कर दी गई थी। इस प्रकार कम्पनी ने सभी अभिप्राय तथा प्रयोजनों के लिये प्रशासन में क्षमताशाली भूमिका निभानी बन्द कर दी थी। रेम्जेम्यूर का कथन दृष्टव्य है कि कम्पनी एक अनावश्यक पांचवें पहिये के समान थी अर्थात् कम्पनी एक राजनैतिक सत्ता के रूप में बहुत पहले ही मर चुकी थी केवल उसकी खाल को जीवित सा मान कर सम्भाला हुआ था। इस प्रकार सर एच.एस. कनिंघम का यह मत कि भारतीय प्रशासन का क्राउन द्वारा सम्भाला जाना वास्तव में एक औपचारिक परिवर्तन था, न कि यथार्थ, युक्तिसंगत है।

यह विरोधाभास सा परिलक्षित होता है किन्तु सत्य है कि संसद का भारत पर नियन्त्रण उसी दिन से कम हो गया जिस समय से उसे यह मिला। यह स्पष्ट है कि जब शक्ति नियन्त्रण बोर्ड तथा डाइरेक्टरों के बोर्ड के पास थी तो संसद अपना प्रभुत्व दृढ़तापूर्वक स्वीकार करवाती थी परन्तु जब इन दोनों बोर्डों को समाप्त करके उसका स्थान, भारत राज्य सचिव जो संसद के प्रति उत्तरदायी था, ने ले लिया तो संसद को सन्तोष हो गया। ऐसा इसलिये हुआ क्योंकि जो वो प्राप्त करना चाहती थी वह प्राप्त होने पर, उसने भारतीय प्रशासन पर निरन्तर नियन्त्रण तथा आलोचना बन्द कर दी। दूसरी उल्लेखनीय बात यह थी कि भारतीय राज्य सचिव, नियन्त्रण बोर्ड के सदस्यों से कहीं अधिक योग्य व्यक्ति थे। इसके अतिरिक्त बिजली की तार द्वारा सन्देशों का आदान-प्रदान सुलभ हो गया था, अब भारतीय समाचार इंग्लैण्ड शीघ्रता से पहुंचते थे तथा सभी निर्देश शीघ्रता से प्राप्त कर लिये जाते थे। संसद में भारत राज्य सचिव भारतीय प्रशासन तथा मामलों को पहले से कहीं अधिक दक्ष रूप से संचालित करते थे, इसलिये संसद को इनके कार्य में हस्तक्षेप करने तथा निर्देशन देने का अवसर ही नहीं प्राप्त होता था।

यह भी सत्य है कि 1857 से 1915 तक अंग्रेज राजनीतिज्ञों के पास इंग्लैण्ड की ही प्रशासनिक समस्यायें अधिक थी इसलिये भारतीय समस्याओं को न तो उन्हें समझने की इच्छा थी और न ही इसके लिये उनके पास समय ही था। इसके अतिरिक्त इस काल में सबसे प्रखर मेधाशक्ति के व्यक्ति भारतीय जनपद सेवा में भरती हुये थे, वे भारतीय प्रशासन का संचालन बड़ी योग्यता से कर

रहे थे, अतएव यह अनावश्यक समझा गया कि उनके काम की आलोचना की जाये। इस प्रकार यह सिद्धान्त स्थापित हो गया कि स्थानीय व्यक्ति पर विश्वास किया जाये, उसे समर्थन दिया जाये और उसे अकेला छोड़ दिया जाये। भारत राज्य सचिव, वाइसराय को समर्थन देते थे। वाइसराय गवर्नरों को और वे और आगे पदाधिकारियों को। संसद ने यह अनुभव किया कि भारतीय मामलों में हस्तक्षेप करने से बहुत लाभ नहीं होगा। इस प्रकार संसद की भारतीय मामलों में उस समय से जब से इसने समस्त नियन्त्रण सम्भाला, रूचि कम हो गई।

यद्यपि इस अधिनियम से भारतीय प्रशासन में कोई परिवर्तन नहीं हुआ था और गृह शासन में हुये परिवर्तन भी अधिक वास्तविक न थे, फिर भी इस अधिनियम का महत्व भारत के संवैधानिक विकास में अत्यधिक है। इस अधिनियम के पारित होने पर ही ब्रिटिश पार्लियामेन्ट ने भारतीय शासन का उत्तरदायित्व अपने हाथों में अधिग्रहीत किया। इसके अन्तर्गत निर्मित गृह शासन सामान्य सुधारों के साथ ब्रिटिश शासन के अन्त काल तक चलता रहा और उस समय का भारतीय संविधान सन् 1920 ई. तक का आधारभूत सिद्धान्त बना रहा।

## सम्राज्ञी का 1858 का घोषणा पत्र (Queen's Proclamation of 1858)

1858 के अधिनियम के पारित होने के उपरान्त ब्रिटिश सम्राज्ञी विक्टोरिया की ओर से पहली नवम्बर 1858 को लार्ड कैनिंग ने इलाहाबाद में सम्राज्ञी के द्वारा भारत सरकार के उत्तरदायित्व को ग्रहण करने की घोषणा करने के लिये एक दरबार किया। शाही घोषणा की भाषा बड़ी सुन्दर तथा प्रतिष्ठामय थी। उससे उदार हृदयता, क्षमा, मित्रता और न्याय की भावना का आभास होता था। सम्राज्ञी की घोषणा थी–"चूंकि कुछ महत्वपूर्ण कारणों से हमने हाऊस ऑफ कामन्स तथा हाऊस ऑफ लार्ड्स की सलाह तथा स्वीकृति से निश्चय कर लिया है कि जो पहले ईस्ट इण्डिया कम्पनी भारत में प्रशासन करती थी, वह प्रशासन हम अपने हाथों में ले लें, इसलिये अब इन सब की उपस्थिति में हम यह सूचित तथा घोषित करती हैं कि उक्त सभी लोगों के परामर्श तथा स्वीकृति से हमने उक्त सरकार को अपने हाथों में ले लिया है। हम इस धारणा के द्वारा सब प्रदेशों के लोगों को आज्ञाकारी होने की प्रेरणा करती हैं तथा हम में तथा हमारे उत्तराधिकारियों में पूर्ण राज्यभक्ति धारण करने के लिये प्रेरित करती हैं। इसके साथ ही उन लोगों की आज्ञा तथा शासन मानने की प्रेरणा करते हैं जिन्हें हम अपने नाम से तथा अपनी ओर से समय-समय पर योग्य समझकर उक्त प्रदेशों की शासन व्यवस्था के लिये नियुक्त करें।"

"हमें अपने पूर्ण विश्वस्त तथा प्रिय भतीजे चार्ल्स जान वाईकाउण्ट कैनिंग की निष्ठा में विश्वास रखती हुई उसे इन प्रदेशों का पहला वाइसराय नियुक्त

करती हैं। उन्हें अपने नाम पर तथा अपनी ओर से शासन की व्यवस्था का उत्तरदायित्व सौंपती हूँ। वे समय-समय पर हमारी ओर से हमारे राज्य-मन्त्रियों में से प्रमुख एक राज्य सचिव के द्वारा प्राप्त आदेशों तथा नियमों का पालन भी करते रहेंगे।"

"हम भारत के देशी नरेशों के प्रति घोषणा करती हैं कि ईस्ट इण्डिया कम्पनी के साथ उनके जो समझौते अथवा सन्धियां हुई हैं, उनको हम स्वीकार करती हैं। उक्त समझौतों तथा सन्धियों का उसी प्रकार पालन किया जायेगा जिस प्रकार कम्पनी उनका पालन करती थी।"

"हम अपनी वर्तमान सीमाओं को बढ़ाने की इच्छा नहीं रखतीं। जिस प्रकार हम अपने प्रदेशों पर किसी प्रकार के आक्रमण को सहन नहीं कर सकती हैं तथा अपने अधिकारों पर किसी प्रकार का हस्तक्षेप सहन नहीं कर सकती हैं, उसी प्रकार हम भी दूसरों के अधिकार में हस्तक्षेप नहीं करेंगी और न ही किसी प्रकार की आक्रमणात्मक भावना रखेगीं। हम अपने देशी राजाओं के अधिकारों, प्रतिष्ठा तथा गौरव का अपने अधिकारों, प्रतिष्ठा तथा गौरव के समान ध्यान रखेगीं। हम इच्छा रखती हैं कि वे तथा हमारे प्रजाजन उस समृद्धि तथा सामाजिक प्रगति का उपभोग करें, जिसकी प्राप्ति आन्तरिक शान्ति तथा अच्छी सरकार से हो सकती है।"

"हम अपने आपको अपने भारतीय प्रदेशों के निवासियों के प्रति उसी कर्तव्य भावना से बंधे हुये समझते हैं, जिस प्रकार हम अपने अन्य प्रजाजनों के साथ बंधे हुये हैं। हम अपने भगवान की कृपा से इन सब उत्तरदायित्वों को हृदय से तथा सच्ची कर्तव्य भावना से पूरा करने का पूर्ण प्रयत्न करेंगे।"

"ईसाई धर्म की सत्यता पर दृढ़तापूर्वक विश्वास करते हुये तथा धर्म की शक्ति को सधन्यवाद स्वीकार करते हुये भी हम अपने किसी प्रजाजन पर अपने विचारों को लादने की इच्छा नहीं रखते। हम घोषणा करते हैं कि यह हमारी शाही इच्छा तथा प्रसन्नता है कि हम किसी व्यक्ति को उसकी धार्मिक भावनाओं तथा विश्वासों के कारण पक्षपात, उपेक्षा, घृणा अथवा अयोग्यता की दृष्टि से नहीं देखेंगे तथा सब लोगों को समान रूप से कानून की ओर से समान तथा पक्षपातरहित सुरक्षा प्राप्त होगी तथा हम कठोरता से उन लोगों को भी आदेश देते हैं जिन पर हमारे अधीन किसी प्रकार का प्रशासनिक उत्तरदायित्व है कि हमारे प्रजाजनों के धार्मिक विश्वासों तथा पूजा आदि में किसी प्रकार के हस्तक्षेप से अलग रहें। क्योंकि इससे हमें सबसे अधिक असन्तोष होगा। हमारी यह इच्छा है कि बिना किसी जाति तथा वर्गगत भेदभाव के हमारे प्रजाजनों को पक्षपातरहित सार्वजनिक सेवाओं में विभिन्न पदों पर प्रतिष्ठित किया जायेगा, जिन पदों के लिये उनमें तदनुसार शिक्षा, योग्यता तथा पूर्णता हो।"

"हम जानते हैं तथा उस ममता की भावना का आदर करते हैं जो भारत निवासी अपने पूर्वजों द्वारा प्राप्त भूमि में रखते हैं तथा हमारी इच्छा है कि इस सम्बन्ध में उनके सब कर्तव्यों तथा अधिकारों की पूर्ण रक्षा की जाये तथा राज्य की समान मांगो का भी ध्यान रखा जाये तथा हमारी इच्छा है कि राज्य के सामान्य नियमों तथा कानूनों का पालन करते हुये पुराने अधिकारों, प्रयोगों तथा भारतीय प्रयासों के प्रति समुचित प्रतिष्ठा का ध्यान रखा जाये।"

"जब भगवान की कृपा से आभ्यन्तरिक शान्ति की स्थापना हो जायेगी तब हमारी हार्दिक इच्छा यह होगी कि शान्तिपूर्ण उद्योग को प्रोत्साहन दिया जाये, सार्वजनिक उपयोगिता के कार्यों को प्रगति प्रदान की जाये तथा प्रशासन की व्यवस्था में इस प्रकार सुधार किया जाये जिससे हमारे सब देशवासी प्रजाजनों का हित हो। उनकी समृद्धि में ही हमारी शक्ति, उनके सन्तोष में हमारी सुरक्षा तथा उनकी कृतज्ञता में ही हमारा सबसे बड़ा पुरस्कार है।"

इस प्रकार महारानी की घोषणा के द्वारा भारतीय नरेशों को आश्वस्त किया गया कि उनके प्रदेशों को अंग्रेजी सरकार अपने राज्य में नहीं मिलायेगी तथा उन्हें गोद लेने का अधिकार प्राप्त होगा। ब्रिटिश सरकार ने अपने भारत स्थित कर्मचारियों को आदेश प्रदान किया कि वे भारतीयों के धार्मिक मामलों में कोई हस्तक्षेप न करें। भारत में कानून बनाते समय भारतीय प्रथाओं को दृष्टि में रखा जाये। साम्राज्य के भारतीय प्रजाजनों को साम्राज्य के अन्य भागों में रहने वाले ब्रिटिश लोगों के समान बराबर का स्थान दिया गया। अन्य ब्रिटिश प्रजाजनों की भांति भारतीयों को समान अधिकारों तथा अवसरों का आश्वासन दिया गया। उन सब भारतीयों को क्षमा तथा मुक्ति का वचन दिया गया, जो उस समय भी ब्रिटिश सरकार के विरुद्ध शस्त्र ग्रहण किये हुये थे तथा जिनके विरुद्ध ब्रिटिश प्रजाजनों की हत्या के आरोप नहीं थे। कम्पनी की सन्धियों तथा समझौतों का पालन करने का आश्वासन दिया गया।

भारत के संवैधानिक इतिहास में महारानी की घोषणा (1858) एक महान् उल्लेखनीय घटना है। नीतिगत यह घोषणा 1917 तक भारतीय प्रशासन का आधार रही। इसने भारतीय शासन की एकता को दृढ़ किया और एक नये युग को आरम्भ किया। इस स्मरणीय घोषणा को भारत का मैग्नाकार्टा (Magna Carta) कहा गया है। यह देश के प्रत्येक बड़े शहर में समारोह के साथ अभिव्यक्त की गई थी और देश की सभी भाषाओं में इसका अनुवाद प्रकाशित किया गया था। इसी ऐतिहासिक घोषणा में प्रथम बार गवर्नर-जनरल को राजा (क्राउन) का प्रतिनिधि कहा गया था। घोषणा में उदार हृदयता, क्षमा, मित्रता, न्याय की भावना अभिव्यक्त हुई थी परन्तु व्यवहार में घोषणा को लागू नहीं किया गया जैसाकि भविष्य में की गई व्यवस्थाओं से ज्ञात होता है।

# 6

# 1861 का भारतीय कौंसिल अधिनियम तथा उसके उपरान्त की संवैधानिक व्यवस्थायें

**1861 के भारतीय कौंसिल अधिनियम के पारित होने की पृष्ठभूमि तथा घटनायें**–1858 के अधिनियम द्वारा केवल गृह सरकार में ही परिवर्तन हुए थे। भारतीय प्रशासन में कोई भी परिवर्तन नहीं किये गये थे। इस तथ्य पर अधिक बल दिया जा रहा था कि 1857–58 के गम्भीर संकट के पश्चात् भारत के संवैधानिक क्षेत्र में महान् परिवर्तनों की आवश्यकता है। भारतीय लोकमत से निकटता प्राप्त करना समय की आवश्यकता थी। इस संकट ने यह प्रगट कर दिया था कि करोड़ों लोगों के लिये कानून बनाने की यह प्रक्रिया, जिसमें उनकी सहमति अथवा असहमति विद्रोह के अतिरिक्त किसी रूप से जानना सम्भव नहीं था, उसको त्यागना ही पड़ेगा। बम्बई के गवर्नर बार्टल फ्रेयर ने इस दृष्टिकोण को इन शब्दों में व्यक्त किया था, "जब तक आपके पास कोई वायु भार मापक यन्त्र अथवा सुरक्षा कपाट (Safety valve) के रूप में एक विचार-विमर्श परिषद् नहीं होगी, मैं विश्वास करता हूं कि आपको इसी प्रकार के अस्पष्ट तथा भयानक विस्फोटों से साक्षात्कार होना ही पड़ेगा।" इसी प्रकार के विचार सर सैय्यद अहमद खाँ जैसे लोगों ने भी व्यक्त किये और कहा कि 1857–58 की घटनाओं का एकमात्र कारण शासक और शासित वर्ग के मध्य आपस में तालमेल का न होना था। 1856 में यह मांग की जा रही थी कि भारतीयों को विधान परिषद् में प्रतिनिधित्व प्राप्त होना चाहिये।

कुछ दूसरे कारण भी थे जिनसे भारतीय संविधान में परिवर्तन की आवश्यकता अनुभव हुई। 1853 के चार्टर एक्ट से, कानून बनाने की व्यवस्था का केन्द्रीयकरण कर दिया गया था। केवल केन्द्रीय विधान परिषद् को ही समस्त देश के लिये कानून बनाने का अधिकार था परन्तु इस परिषद् को देश के सभी स्थानों, क्षेत्रों की अवस्था तथा आवश्यकता की जानकारी की कोई व्यवस्था नहीं थी। दूसरे भारतीय विधान परिषद् सरकारी दृष्टिकोण से अपने क्षेत्र की सीमा के बाहर चली गई थी जैसा कि सर चार्ल्सवुड ने कामन सभा में शिकायत की थी कि इसके

निर्माताओं के अभिप्राय के विरुद्ध भारतीय विधान परिषद् एक प्रकार की लघु पार्लियामेन्ट बन गई थी। तीसरे, यह स्पष्ट था कि 1858 के अधिनियम ने भारतीय प्रशासन की व्यवस्था में कोई परिवर्तन नहीं किया था और केवल गृह शासन में किये गये सुधारों से भारतीयों को कोई सन्तोष नहीं हो सकता था।

उपरोक्त दृष्टिकोणों, विचारों से प्रेरित होकर भारत सरकार तथा गृह सरकार में पत्र व्यवहार के पश्चात् सर चार्ल्सवुड ने एक विधेयक हाऊस ऑफ कामन्स में प्रस्तुत किया, जो पारित होकर प्रथम भारतीय परिषद् अधिनियम 1861 (The Indian Councils Act of 1861) कहलाया।

**भारतीय परिषद् अधिनियम 1861 के प्रावधान**—इस अधिनियम के अन्तर्गत वाइसराय की कार्यकारी परिषद् में एक पांचवा सदस्य सम्मिलित कर दिया जो कि विधि वृत्ति (legal profession) का व्यक्ति था, एक विधिवेत्ता न कि एक वकील।

वाइसराय की परिषद् में अधिक सुविधा से कार्य करने के लिये नियम बनाने की अनुमति प्रदान की गई। इस नियम द्वारा वाइसराय ने विभागीय प्रणाली आरम्भ कर दी। उस समय तक यह स्वीकार किया जाता था कि भारत का शासन, कार्यकारी परिषद् के सभी सदस्यों का सम्मिलित कार्य है अतएव सभी पत्र-व्यवहार तथा सभी मामले सभी सदस्यों को दिखाने पड़ते थे। यह प्रणाली जटिल, असुविधाजनक थी। वाइसराय कैनिंग ने इस अधिनियम के अनुसार भिन्न-भिन्न विभाग, भिन्न-भिन्न सदस्यों को दे दिये। इस प्रकार भारत सरकार की मन्त्रिमंडलीय व्यवस्था (Cabinet) की नींव रखी गई। इस व्यवस्था के अनुसार प्रशासन का प्रत्येक विभाग एक व्यक्ति के अधीन होता था। वह उस विभाग का प्रतिनिधि कहलाता था तथा प्रशासन के लिये उत्तरदायी होता था। इस प्रणाली के फलस्वरूप सामान्य मामलों में वह सदस्य स्वयं ही निर्णय ले लेता था और केवल अधिक महत्वपूर्ण मामले ही वह वाइसराय के सन्मुख रखता था और उसके परामर्श से निर्णय करता था। समस्त परिषद् के सन्मुख केवल अब नीति सम्बन्धी मामले ही आते थे। निश्चय ही यह नई प्रणाली अधिक युक्तिपूर्ण थी।

इस अधिनियम के अनुसार, कानून बनाने के लिये, वाइसराय की कार्यकारी परिषद् में न्यूनतम 6 और अधिकतम 12 अतिरिक्त सदस्यों की नियुक्ति से उसका विस्तार किया गया। इन सदस्यों को वाइसराय मनोनीत करेगा और वे दो वर्ष तक अपने पद पर बने रहेंगे। इनमें से न्यूनतम आधे सदस्य गैर-सरकारी होंगे। यद्यपि भारतीयों के लिये कोई वैधानिक प्रावधान नहीं था परन्तु व्यवहार में कुछ गैर-सरकारी सदस्य "ऊंची श्रेणी के भारतीय" थे। इस विधान परिषद् का कार्य केवल कानून बनाना था। इसका प्रशासन अथवा वित्त अथवा प्रश्न इत्यादि पूछने का कोई अधिकार नहीं था।

इस अधिनियम के अनुसार बम्बई तथा मद्रास प्रान्तों को अपने लिये कानून बनाने तथा उनमें संशोधन करने का अधिकार पुनः प्रदान कर दिया गया। यद्यपि इन प्रान्तीय परिषदों द्वारा बनाये कानून उस समय तक वैध नहीं स्वीकार किये जा सकते थे जब तक कि वाइसराय की उन कानूनों पर अनुमति न प्राप्त कर ली जाये।

टंकन सम्बन्धी, डाक-तार, समुद्री तथा सैनिक मामलों में वाइसराय की पूर्व अनुमति के बगैर कानून नहीं बनाया जा सकता था।

अधिनियम के अन्तर्गत अन्य प्रान्तों में भी विधान परिषदों के गठन की व्यवस्था की गई थी, फलस्वरूप 1862 में बंगाल में, 1866 में उत्तर पश्चिमी प्रान्त (आधुनिक उत्तर प्रदेश) तथा 1897 में पंजाब में विधान परिषदें स्थापित की गई थीं।

अधिनियम के अन्तर्गत वाइसराय को संकटकालीन अवस्था में विधान परिषद् की अनुमति के बगैर अध्यादेश (Ordinances) जारी करने की अनुमति प्रदान की गई थी। इस प्रकार के अध्यादेश 6 मास की अवधि तक ही लागू रह सकते थे।

अधिनियम के अन्तर्गत प्रान्तीय विधान परिषदों में न्यूनतम चार तथा अधिकतम आठ अतिरिक्त सदस्यों को गवर्नरों द्वारा मनोनीत किया जाना था, इन सदस्यों का कार्यकाल भी दो वर्ष का था।

अधिनियम के अन्तर्गत वाइसराय को नये प्रान्त बनाने, लेफ्टीनेन्ट गवर्नर की नियुक्ति करने, किसी प्रेसीडेन्सी, प्रान्त की सीमाओं को निर्धारित तथा परिवर्तित करने का अधिकार प्रदान किया गया था।

**अधिनियम का महत्व तथा मूल्यांकन**–इस अधिनियम की मुख्य विशेषता यह थी कि इससे शनैः शनैः सरकारी कार्य-प्रणाली का गठन तथा एकीकरण हुआ। तीनों प्रेसीडेन्सियाँ एक समान पद्धति में आ गईं। सपरिषद् गवर्नर-जनरल (वाइसराय) की सभी प्रान्तों में और सभी के लिये कानून निर्मित करने तथा प्रशासन करने की शक्ति स्थापित हो गईं। स्थानीय ज्ञान तथा आवश्यकताओं को स्वीकार करते हुये स्थानीय परिषदें स्थापित की गई और कुछ गैर-सरकारी तथा भारतीय सदस्यों को परामर्श देने के लिये इन परिषदों का सदस्य बनाया गया।

इस अधिनियम ने विधान सम्बन्धी शक्तियां बम्बई तथा मद्रास सरकारों को देकर और इसी प्रकार की अन्य प्रान्तों में व्यवस्था बनाकर विधान विकेन्द्रीकरण की नींव डाली जिसके फलस्वरूप 1935 के भारत सरकार अधिनियम द्वारा प्रान्तीय स्वशासन (Provincial autonomy) दे दिया गया। यहाँ यह उल्लेखनीय है कि 1861 के एक्ट द्वारा केन्द्र तथा प्रान्तों के कार्य-क्षेत्र को पृथक करने का

कोई प्रयत्न नहीं किया गया था। सपरिषद् वाइसराय समस्त भारत के लिये और सपरिषद् गवर्नर अपने प्रान्त के लिये कानून बना सकता था। इसके अतिरिक्त कुछ मामलों में प्रान्तों को वाइसराय की अनुमति कानून बनाने से पूर्व प्राप्त करनी होती थी।

इस अधिनियम से गठित परिषदों में बहुत सी त्रुटियाँ थीं। इन्हें गठन, कार्य–प्रणाली अथवा अधिकार क्षेत्र किसी भी दृष्टि से विधान मण्डल नहीं कहा जा सकता था। ये केवल कानून बनाने की समितियाँ थीं। ये ऐसी समितियाँ थी जिनसे सरकार को कानून बनाने में परामर्श तथा सहायता मिल जाती थी और जनता को यह लाभ था कि कानून बनाने के प्रत्येक चरण में कानून का पूर्णतया प्रचार हो जाता था। जनता के प्रज्ञापन तथा समाचार पत्रों की आलोचना द्वारा सरकार को जनता की प्रतिक्रिया प्राप्त हो जाती थी। यह ठीक है कि पदाधिकारेण तथा सरकार द्वारा नियुक्त सदस्य बहुसंख्या में होते थे और सरकार जो कानून चाहे बना सकती थी परन्तु यह कहना भी उचित नहीं कि इन परिषदों में बने कानून केवल एक आदेशमात्र होते थे क्योंकि कानून बनाते हुये जनता की प्रतिक्रिया प्राप्त होती रहती थी। इसके अतिरिक्त ये कानून न्यायालयों द्वारा लागू किये जाते थे, न कि प्रशासन के द्वारा और उसमें परिवर्तन करने के लिये वही कार्य–प्रणाली अपनानी पड़ती थी जिससे वे बनाये गये थे और आवश्यकता पड़ने पर उन्हें प्रशासन के विरुद्ध भी लागू किया जा सकता था।

इस अधिनियम के अन्तर्गत इन नई परिषदों का कार्य केवल कानून बनाना था। उन्हें इसके अतिरिक्त किसी और कार्य करने की अनुमति लेशमात्र भी नहीं थी। परिषद् किसी शिकायत पर विचार नहीं कर सकती थी, न ही किसी प्रशासनिक आदेश अथवा कार्य पर विरोध प्रकट कर सकती थी। अतः प्रशासन का संचालन और वित्त व्यवस्था, पूर्णतया कार्यकारी परिषद् के ही अधीन था। इस सम्बन्ध में राज्य सचिव सर चार्ल्स वुड ने विधेयक को प्रस्तुत करते हुये कहा था कि उनकी भारत में सामान्य प्रतिनिधि परम्परा द्वारा कानून बनाने की प्रणाली आरम्भ करने की कोई इच्छा नहीं है।

1861 का यह अधिनियम भारत के संवैधानिक इतिहास में एक आवश्यक पग है। इससे प्रतिनिधि संस्थाओं तथा कानून आदि के निर्माण कार्य का आरम्भ हुआ। इस अधिनियम द्वारा कानून आदि के निर्माण कार्य में वाइसराय को भारतीयों का सहयोग प्राप्त करने में सहायता प्राप्त हुई। केन्द्रीय तथा प्रान्तीय परिषदों ने तीन प्रकार से कार्य पूरा किया–प्रकाशन, चर्चा तथा सूचना। जनता को अपने कष्टों को प्रस्तुत करने का अवसर मिला, सरकार को अपनी नीति की रक्षा करने का अवसर मिला। यहाँ पर यह उल्लेखनीय है कि परिषद के गैर–सरकारी सदस्य वाइसराय द्वारा मनोनीत होते थे, जनता उन्हें निर्वाचित नहीं करती थी। ये सदस्य

भारतीय राजा, दीवान, जमींदार अथवा अवकाश प्राप्त अधिकारी ही होते थे। ये जनता का प्रतिनिधित्व नहीं करते थे।

गुरूमुख निहाल सिंह के कथनानुसार यह अधिनियम भारत के संवैधानिक इतिहास में दो मुख्य कारणों से महत्वपूर्ण है। प्रथम, इसने वाइसराय और गवर्नरों को देश के निवासियों का विधि निर्माण कार्य में सहयोग पाने योग्य बना दिया। दूसरे, इसने बम्बई और मद्रास के प्रान्तों को विधि निर्माण की शक्ति फिर से प्रदान की तथा अन्य प्रान्तों में भी ऐसी ही विधान परिषदों की स्थापना के लिये व्यवस्था की। इस प्रकार इस अधिनियम ने विधायी क्षेत्र में विकेन्द्रीकरण (decentralisation) की नीति को आरम्भ किया जिसके फलस्वरूप 1937 में प्रान्तों को प्रान्तीय स्वराज्य प्राप्त हो सका। परन्तु इस अधिनियम का प्रमुख दोष यह था कि इसके द्वारा स्थापित विधान परिषदें केवल कानून बनाने वाली समितियाँ बनकर रह गई थीं। इन परिषदों में बने कानून एक प्रकार से कार्यपालिका के ही आदेश थे, क्योंकि मनोनीत सदस्यों की संख्या अत्यधिक कम थी, जिनमें से आधे सरकारी अधिकारी ही होते थे और गैर-सरकारी मनोनीत सदस्य भी देशी राजा अथवा धनाढ्य व्यक्ति ही होते थे जो सरकार का विरोध नहीं कर सकते थे।

लार्ड मैकडोनल ने लिखा है, "इन परिषदों का स्वरूप कार्यपालिकाओं की समितियों जैसा था जिसके द्वारा कार्यपालिकायें विधि निर्माण कार्य में परामर्श और सहायता प्राप्त करती थीं और जनता को यह लाभ था कि विधि निर्माण कार्य का प्रकाशन होता था। इन विधान परिषदों में बने कानूनों को वास्तव में सरकारी आदेश बताना गलत न होगा परन्तु कानून ऐसे ढंग से बनाये जाते थे कि उन पर वाद-विवाद और उनका प्रकाशन अवश्य होता था।"

1861 के अधिनियम के पास होने के साथ भारतीय शासन के विकास का एक नया अध्याय प्रारम्भ हुआ। तीनों प्रान्त जो पृथक थे एक सामान्य व्यवस्था के अन्तर्गत आये। सपरिषद् वाइसराय को विधायी और प्रशासनिक शक्तियाँ तीनों प्रान्तों और सभी निवासियों पर दृढ़ता से स्थापित हो गईं। यह सिद्धान्त भी स्वीकार किया गया कि स्थानीय आवश्यकतायें मान्य हों और स्थानीय जानकारी का स्वागत हो। इसी से प्रान्तीय परिषदें स्थापित करने की व्यवस्था की गई और कुछ गैर-सरकारी व्यक्ति परामर्श देने के लिए विधान परिषदों के अतिरिक्त सदस्य बनाये गये परन्तु यह स्पष्ट किया गया कि ये परिषदें केवल कार्यपालिका की विधायी समितियाँ हैं, उत्तरदायी संस्थाओं के बीज नहीं।

इस अधिनियम के अन्तर्गत इन परिषदों की रचना का एक गम्भीर दोष यह भी रहा कि यद्यपि इनमें कुछ भारतीयों को सदस्य बनाया गया, परन्तु वे ऐसे व्यक्ति थे जिनको किसी भी अर्थ में भारतीय जनता अथवा जनमत का प्रतिनिधि

नहीं कहा जा सकता था। देशी राजाओं, नवाबों, दीवानों, जमींदारों को ही परिषदों में मनोनीत किया जाता था। यह लोग भारतीय हितों की चिन्ता न कर, सरकार के आदेशों का पालन करना ही अपना ध्येय समझते थे।

1861 के अधिनियम के सम्बन्ध में कहा जाता है कि यह अधिनियम कई प्रकार से पतनशील और प्रतिगामी था। विधान सभा के हाथों से कार्यपालिका पर आलोचना का अधिकार छीन लिया गया। कानून बनाने वाले अधिकारों पर भी प्रतिबन्ध लगा दिये गये। इन दोषों के होते हुये भी 1861 का अधिनियम कई प्रकार से प्रशंसनीय भी था। इस अधिनियम ने भारत सरकार को ऐसी प्रणाली प्रदान की जो दीर्घकाल तक चलती रही। इस अधिनियम ने भारतीयों को ब्रिटिश सरकार के कार्यों में लगाया, फलस्वरूप लार्ड कैनिंग ने महाराजा पटियाला, राजा बनारस और सर दिनकर राव को नवीन विधान परिषद् का सदस्य मनोनीत किया। इस प्रकार 1861 के भारतीय कौंसिल अधिनियम से एक युग समाप्त हुआ। इसका विशेष ध्येय सरकार के यन्त्रवत् ढांचे का निर्माण तथा संगठन करना था। तीन विभिन्न प्रेसीडेन्सियों को एक ही संस्थापन के अन्तर्गत व्यवस्थित किया गया। उनके मध्य के क्षेत्र को भी ब्रिटिश सरकार के अधीन किया गया। परिषद् की सम्मति के अनुसार वाइसराय को समस्त प्रदेशों की प्रजा पर वैधानिक तथा शासनीय अधिकार प्राप्त था। स्थानीय आवश्यकताओं को समझने तथा उनकी जानकारी प्राप्त करने का सिद्धान्त भी स्वीकार किया गया, स्थानीय परिषदों का गठन हुआ तथा उनमें कुछ गैर-सरकारी तथा भारतीय सदस्य सलाह देने के लिये सम्मिलित किये गये थे। परन्तु इस सन्देह से कि कहीं कार्यपालिका के कार्य में बाधा डालने वाली कोई दूसरी शासनीय उत्तरदायित्वहीन संस्था न हो, यह घोषणा की गई कि परिषदों को केवल वैधानिक समितियों तक सीमित रहना था और उन्हें उत्तरदायी संस्थाओं की रूपरेखा नहीं अपनानी थी।

## 1861 और उसके पश्चात् निर्मित अन्य अधिनियम

भारत के संवैधानिक विकास में 1861 का वर्ष अत्यन्त महत्वपूर्ण है। इस वर्ष दो अन्य महत्वपूर्ण अधिनियम पारित किये गये थे। पहला अधिनियम 'भारतीय नागरिक सेवा अधिनियम' (Civil Service Act) था। इस अधिनियम के द्वारा पिछले वर्षों में की गई नियुक्तियों को नियमित करना था तथा सभी ऊंचे नागरिक पदों को केवल कवेनेन्टेड (Covenanted) सिविल सर्विस के सदस्यों के लिए सुरक्षित करना था। दूसरा अधिनियम, 'भारतीय उच्च न्यायालय अधिनियम' (Indian High Courts Act) था। इस अधिनियम के अनुसार ताज को बम्बई, मद्रास तथा कलकत्ता में उच्च न्यायालय स्थापित करने की शक्ति प्राप्त हुई।

1865 में उच्च न्यायालय अधिनियम पारित हुआ जिसके अन्तर्गत सपरिषद् वाइसराय को यह शक्ति प्रदान की गई कि वह उच्च न्यायालयों के अधिकार

क्षेत्र की सीमाओं में परिवर्तन कर सके। भारतीय शासन अधिनियम 1869 के द्वारा भारत राज्य सचिव को भारतीय परिषद् में रिक्त स्थानों की पूर्ति करने की शक्ति प्राप्त हुई। सदस्यों का कार्यकाल 10 वर्ष के लिये नियत हुआ। 1870 के भारतीय शासन अधिनियम के द्वारा भारतीय विधि निर्माण व्यवस्था में एक महत्वपूर्ण परिवर्तन हुआ। इसके अनुसार वाइसराय को ब्रिटिश प्रदेशों की सुरक्षा, शान्ति और हितों के विरुद्ध प्रस्तुत किये गये प्रस्ताव को अस्वीकार कर देने का अधिकार प्राप्त हुआ। इसके अतिरिक्त यह भी व्यवस्था की गई कि ऐसे भारतीयों को जो सिद्ध योग्यता (of proved merit) के थे बिना प्रतियोगी परीक्षा में सम्मिलित हुये किसी भी पद, स्थान पर नियुक्त किया जा सके। 1874 के अधिनियम द्वारा वाइसराय की कार्यकारिणी परिषद् में एक नया सदस्य सम्मिलित करने की व्यवस्था की गई। वह सार्वजनिक निर्माण (Public Works) विभाग का सदस्य कहलाया। 1876 में राज-उपाधि अधिनियम (Royal Titles Act) पारित किया गया जिसमें महारानी विक्टोरिया को भारत सम्राज्ञी की उपाधि से विभूषित किया गया। दिल्ली, कलकत्ता, बम्बई, मद्रास में इस सम्बन्ध में बड़े-बड़े उत्सव किये गये जिसमें राजाओं तथा जनता के सन्मुख इस उपाधि की घोषणा की गई। इस समय देश में भीषण अकाल पड़ा हुआ था परन्तु सरकार ने झूठे आडम्बर और वैभव पर करोड़ों रुपया व्यय किया, इससे एक राष्ट्रीय अपमान की 'गुप्त' भावना-सी जनता में उत्पन्न हुई। कुछ भारतीय समाचार पत्रों ने इसकी कटु आलोचना भी की अतः वाइसराय लार्ड लिटन ने मार्च 1878 में भारतीय भाषा समाचार पत्र अधिनियम (Vernacular Press Act) पारित किया। इसके अनुसार किसी भारतीय भाषा के समाचार पत्र के प्रकाशक को दण्डनायक (Magistrate) आज्ञा दे सकता था कि वह जनता में सरकार के प्रति असन्तोष तथा भिन्न-भिन्न जातियों और धर्मों के लोगों में घृणा फैलाने वाले लेख लिखने के लिये उनसे बन्ध पत्र (bond) लिखवा ले। सरकार को यह भी अधिकार था कि अवांछनीय विषयों को चेतावनी दे सकती है अथवा उससे जमानत ले सकती है, जमानत को जब्त कर सकती है और यदि यह अपराध पुनः किया जाता है तो सरकार छापे खाने को भी जब्त कर सकती है। दण्डनायक की आज्ञा के विरुद्ध न्यायालय में अपील नहीं की जा सकती थी।

लार्ड लिटन की दमनकारी नीति ने एक दूसरा अधिनियम 'भारतीय शस्त्र अधिनियम, 1878' (Indian Arms Act) भी पारित किया। इसके अनुसार किसी भारतीय के लिये बिना लाइसेन्स शस्त्र रखना अथवा उसमें व्यापार करना एक दण्डनीय अपराध बन गया। इस अधिनियम को तोड़ने पर तीन वर्ष तक की जेल, अथवा जुर्माना अथवा दोनों और इसको छुपाने का प्रयत्न करने पर सात वर्ष तक की जेल, अथवा जुर्माना अथवा दोनों दण्ड दिये जा सकते थे। इसमें

भी भेदभाव किया गया था अर्थात् यूरोपीय, ऐंग्लो-इण्डियन अथवा सरकार के कुछ विशेष अधिकारी इस अधिनियम की परिधि से मुक्त थे। इस अधिनियम द्वारा यह स्पष्ट हो गया कि भारतीय कौंसिल अधिनियम और उसके उपरान्त पारित हुये अधिनियमों ने भारतीय समाज में नई जागृति लाने में योग दिया, इसके दूरगामी परिणाम हुये, जैसा अगले अध्यायों में व्यक्त किया गया है।

# 7

# 1892 का भारतीय कौंसिल अधिनियम तथा उसके उपरान्त की संवैधानिक व्यवस्थायें

**1892 के भारतीय कौंसिल अधिनियम के पारित होने की पृष्ठभूमि तथा घटनायें**–1861 के उपरान्त भारतीय संविधान का विकास, राजनैतिक असन्तोष तथा आन्दोलन और परिषदों के सुधार की एक क्रमबद्ध गाथा है। सुधार जो अनिच्छा से दिये जाते थे, सदैव अपर्याप्त होते थे, जिनसे असन्तोष बढ़ता था और अधिक सुधार की मांग होती थी। यह कथन उन सभी अधिनियमों के विषय में सत्य है जो ब्रिटिश संसद ने 1892, 1909, 1919 और 1935 में पारित किये। सभी अवस्थाओं में कहानी की रूपरेखा लगभग एक ही समान थी।

1861 में स्थापित विधान परिषदों में जो गैर-सरकारी तत्व थे, वे जनता का प्रतिनिधित्व नहीं करते थे। इनमें केवल बड़े-बड़े जमींदार, अवकाश प्राप्त अधिकारी अथवा भारतीय राजे होते थे जो कि जनता की समस्याओं को समझने का दावा नहीं कर सकते थे।

उन्नीसवीं शताब्दी के उत्तरार्ध में भारत में राष्ट्रीयता ने उभरना आरम्भ कर दिया था। 1857 में स्थापित कलकत्ता, बम्बई, मद्रास विश्वविद्यायलयों से शिक्षा प्राप्त भारतीयों में राष्ट्रीयता की भावना उभरनी प्रारम्भ हो गई थी जो शनैः शनैः देश को जागृति प्रदान कर रही थी। शिक्षित वर्ग द्वारा अंग्रेजी भाषा के प्रयोग से वे लोग एक दूसरे के समीप आ गये। 1857 के विद्रोह के पश्चात् अंग्रेजी सरकार द्वारा दमनकारी नीतियों के अनुसरण करने के कारण भारतीयों में उनके प्रति घृणा उत्पन्न होने लगी। भारतीय जनपद सेवा (Indian Civil Service) के अधिकारी बहुत दम्भी तथा घमण्डी होते थे। अतएव जनता और उनके मध्य खाई चौड़ी होती चली गई। लार्ड लिटन के प्रशासन से सरकार के प्रति भारतीयों में कटुता बढ़ती चली गई। 1878 में पारित दमन के दो अधिनियमों 'भारतीय भाषा समाचार पत्र अधिनियम' तथा 'भारतीय शस्त्र अधिनियम' से जनता की भावनाओं को बहुत उत्तेजित कर दिया था।

भारतीय सरकार तथा अंग्रेजी सरकार के मध्य कपास के कपड़े पर 5 प्रतिशत आयात कर के हटाने के लिए हुये विवाद से भारतीय और भी अधिक असन्तुष्ट हो गये थे। इससे अंग्रेजों के न्यायपूर्ण तथा समानता के व्यवहार के खोखलेपन का स्पष्ट प्रमाण मिल गया कि लंकाशायर के मिल वालों के हितों के लिये भारतीय जनता के हितों को न्यौछावर कर दिया गया था। इसके पश्चात् उत्पन्न हुये इल्बर्ट बिल (Ilbert Bill) विवाद ने भारतीयों की आंखें खोल दीं कि न्याय के क्षेत्र में भी ब्रिटिश सरकार पक्षपात पर आधारित है और वह भारतीयों को अपने समान नहीं समझती।

**इल्बर्ट बिल का विवाद**–1861 से समस्त देश में एक ही फौजदारी कानून लागू कर दिया गया था और प्रत्येक प्रान्त में उच्च न्यायालय स्थापित कर दिये गये थे। उससे पूर्व देश में दो प्रकार के कानून चले थे। प्रेसीडेन्सी नगरों में अंग्रेजी कानून और ग्रामीण प्रदेशों में मुगल कानून। तत्कालीन समय में यह प्रथा बन गई थी कि प्रेसीडेन्सी नगरों में दण्डनायक (Magistrate) तथा सैशन जज भारतीयों तथा यूरोपीय दोनों के मुकद्दमों की सुनवाई कर सकते थे और ग्रामीण प्रदेशों में केवल यूरोपीय न्यायाधीश ही यूरोपीय अभियुक्तों का मुकद्दमा सुन सकते थे। इस समय ऐसा सोचा गया था कि यूरोपीय व्यक्तियों को मुगल कानून के अन्तर्गत लाना उपयुक्त नहीं है, अतः ऐसी परम्परा स्थापित हो गई थी। 1872 में तीन भारतीय संश्रावित जनपद सेवा में नियुक्त हुये थे। उनमें से एक ही श्री बिहारी लाल गुप्ता कलकत्ता में प्रेसीडेन्सी दण्डनायक के पद पर कार्य कर रहे थे। 1882 में उनकी पदोन्नति हो गई और अब अवस्था यह हो गई कि इस पदोन्नति के पश्चात् उन्हें यूरोपीय अभियुक्तों का मुकद्दमा सुनने का अधिकार नहीं रहा। अतः उसने बंगाल के उप-गवर्नर सर एयाले ईडन (Sir Ashley Eden) को इस तथ्य से अवगत कराया कि पदोन्नति पर उसके अधिकार कम हो जायें यह कुछ न्यायसंगत बात नहीं। इस भारतीय और यूरोपीय पदाधिकारियों में द्वेष उत्पन्न करने वाले भेदभाव से न्यायाधीशों के अधिकार और शक्तियाँ नष्ट होती थी। सर पी.सी. इल्बर्ट जो वाइसराय की परिषद् के विधि सदस्य थे, उन्होंने इस अन्याय को दूर करने की भावना से एक विधेयक जिसे इल्बर्ट बिल की संज्ञा प्रदान की गई है, विधान परिषद् में 2 फरवरी 1883 को प्रस्तुत किया। विधेयक का उद्देश्य यह था, "जाति भेद पर आधारित सभी न्यायिक अयोग्यतायें तुरन्त समाप्त कर दी जायें और भारतीय तथा यूरोपीय न्यायाधीशों की शक्तियां समान कर दी जायें।" विधेयक प्रस्तुत करते ही तूफान खड़ा हो गया। यूरोपीय लोगों ने इसे अपने विशेषाधिकारों पर कुठाराघात बतलाया। वास्तव में विरोध करने वाले बड़े-बड़े उद्यानों वाले यूरोपीय स्वामी थे। ये लोग प्रायः अपने भृत्यों तथा कार्यकर्त्ताओं से बहुत कठोर व्यवहार करते थे और कभी-कभी तो पीटते-पीटते

उनकी हत्या भी कर देते थे। इन लोगों को यूरोपीय न्यायाधीश बिना दण्ड के ही अथवा थोड़ा-सा दण्ड देकर छोड़ देते थे। इन विशेषाधिकारों की रक्षा के हेतु यूरोपीय समुदाय ने एक प्रतिरक्षण संघ (Defence Association) बनाया। उन्होंने भारत तथा इंग्लैण्ड में इस हेतु प्रचार किया और यह कहा, 'क्या हमारा निर्णय काले लोग करेंगे?' 'क्या हमें वे जेल भेजेंगे?' 'क्या वे हम पर आज्ञा चलायेंगे?' कभी नहीं! यह असम्भव है! यह अधिक अच्छा है कि भारत में अंग्रेजी राज्य ही समाप्त हो जाये परन्तु यह ठीक नहीं कि हम इस प्रकार के तिरस्कृत कानूनों के अधीन रहें। उनके अनुसार वाइसराय ने अपने ही देशवासियों पर प्रहार कर दिया है। उन्होंने उसे गालियाँ दीं तथा अंग्रेजी सरकार से अनुरोध किया कि उसका कार्यकाल समाप्त होने से पूर्व ही उसे वापस बुला ले। इस प्रबल विरोध के कारण वाइसराय लार्ड रिपन को झुकना पड़ा, इल्बर्ट बिल में यह संशोधन करना पड़ा जिसके अनुसार यदि युरोपीय लोगों के मुकद्दमें दण्डनायकों अथवा सैशन जजों के समक्ष आयें तो वे लोग 12 व्यक्तियों की शपथजन (Jury) द्वारा मुकद्दमें की सुनवाई मांग सकते थे और 12 व्यक्तियों में से कम से कम 7 का यूरोपीय अथवा अमेरिकन होना आवश्यक था। इस प्रकार घटना से यह प्रकट हो गया कि अंग्रेजों से न्याय की आशा नहीं करनी चाहिये।

इन परिस्थितियों में 1885 में भारतीय राष्ट्रीय कांग्रेस का जन्म हुआ। कांग्रेस का आरम्भिक उद्देश्य यह था कि भारत में लोकमत को सक्रिय किया जाये ताकि जनता की कठिनाइयों की ओर ध्यान दिलाया जा सके और सुधारों के लिये संवैधानिक रूप से परन्तु जोर देकर दबाव डाला जाये। प्रथम अधिवेशन में भारतीय राष्ट्रीय कांग्रेस ने यह प्रस्ताव पारित किया था, "कांग्रेस यह चाहती है कि सर्वोच्च तथा स्थानीय विधान परिषदों में पर्याप्त संख्या में निर्वाचित सदस्य सम्मिलित करके इनका सुधार तथा विस्तार किया जाये और इसी प्रकार की विधान परिषदें, अवध अथवा उत्तर पश्चिमी प्रान्तों (आधुनिक यू.पी.) तथा पंजाब में भी स्थापित की जायें और यह भी चाहती हैं कि इन परिषदों में विचार के लिये बजट इत्यादि प्रस्तुत किये जायें और इनके सदस्यों को कार्यकारिणी से प्रशासन के सभी विभागों पर प्रश्न पूछने का अधिकार हो।" इसी प्रकार के प्रस्ताव कांग्रेस के अगले अधिवेशनों में भी पारित हुये।

प्रारम्भ में भारतीय राष्ट्रीय कांग्रेस के प्रति अंग्रेज अधिकारियों का व्यवहार सहानुभूति तथा मित्रता का रहा परन्तु 1888 के पश्चात् यह परिवर्तित हो गया। 1888 में वाइसराय लार्ड डफरिन ने भारतीय राष्ट्रीय कांग्रेस पर सीधा प्रहार किया कि यह एक सूक्ष्म अल्पसंख्या का प्रतिनिधित्व करती है और कांग्रेस की मांग एक अज्ञात में बड़ी छलांग है।

यद्यपि लार्ड डफरिन ने कांग्रेस के महत्व तथा इसके प्रतिनिधि रूप के महत्व को कम करने का प्रयत्न किया परन्तु वह इससे कहीं अधिक समझदार था और उसने इस आन्दोलन के महत्व को समझा और उसने गुप्त रूप से परिषदों को उदार बनाने के प्रस्ताव इंग्लैण्ड भेजे। उसने अपनी परिषद् की एक समिति की नियुक्ति भी की जो कि प्रान्तीय परिषदों के विस्तार के लिये, उनके पद (status) को ऊंचा करने के लिये, उनके कार्यक्षेत्र को बढ़ाने के लिये, उनमें आंशिक प्रतिनिधित्व प्रणाली आरम्भ करने के लिये और एक राजनीतिक संस्था के रूप में उनका प्रसार करने की योजना बनाये। परन्तु उसने यह भी स्पष्ट कर दिया कि वह भारत में अंग्रेजी नमूने की संसदीय प्रणाली स्थापित नहीं करना चाहता। उसके हृदय में इस प्रकार की कोई योजना न थी।

लार्ड डफरिन ने समिति के प्रतिवेदन को अपने निजी विचारों सहित, लन्दन भेजा, जिसमें परिषद की रचना तथा शक्तियों में परिवर्तनों के प्रस्ताव थे। इनका मुख्य उद्देश्य था, "ऐसे भारतीय भद्र पुरूषों को, जो अपने प्रभाव तथा अपनी आवश्यकताओं से अपने देशवासियों में विश्वास उत्पन्न कर सकते हैं और जिनमें इतनी बुद्धि तथा क्षमता है कि वे देश के प्रशासकों की अपने सुझावों से सहायता कर सकें, उनको लोक कार्यों के प्रशासन में अधिक भाग लेने का अवसर दिया जाये।"

1890 में इंग्लैण्ड के रूढ़िवादी दल की सरकार ने भारत राज्य सचिव लार्ड क्रास (Lord Cross) के सुझाव पर तथा उपरोक्त सुझावों के आधार पर ब्रिटिश संसद में एक विधेयक प्रस्तुत किया, जो 1892 में पारित होकर इण्डियन कौंसिल अधिनियम 1892 (Indian Councils Act, 1892) कहलाया।

**भारतीय परिषद् अधिनियम 1892 के प्रावधान**–इस अधिनियम के अनुसार केन्द्रीय विधान मण्डल के विषय में यह निश्चय हुआ कि अतिरिक्त सदस्यों की संख्या कम से कम 10 हो तथा अधिक से अधिक 16 हो परन्तु इसमें सपरिषद् भारत राज्य सचिव की आज्ञा लेनी आवश्यक होगी और उन्हें ही इन अतिरिक्त सदस्यों के मनोनीत करने के लिए नियम बनाने का अधिकार दिया गया। इस वृद्धि को "बहुत ही थोड़ा" कहा गया था। कर्जन ने इसके विषय में यह तर्क दिया था कि "संख्या के अधिक होने से किसी विमर्शी निकाय (deliberative body) की कार्य कुशलता अधिक नहीं हो जाती। बड़े-बड़े निकाय प्राय: अनिश्चित तथा व्यर्थ बातों में ही अपना समय नष्ट कर देते हैं।" अधिनियम में यह भी व्यवस्था की गई थी कि इस परिषद् में कम से कम 40 प्रतिशत लोग अशासनिक होने चाहिये। इन अशासनिक सदस्यों में से कुछ चुने हुए तथा कुछ मनोनीत होने थे।

अधिनियम के अन्तर्गत विधान मण्डल के सदस्यों के अधिकार भी दो क्षेत्रों में बढ़ा दिये गये। भविष्य में उन्हें वित्तीय विवरण जो कि सदन में दिया जाना था, उस पर अपने विचार प्रकट करने का अधिकार दिया गया यद्यपि इस विषय पर कोई प्रस्ताव रखने अथवा सदन के मत विभाजन कराने का अधिकार उन्हें नहीं था। दूसरे, उन्हें सार्वजनिक हितों के मामलों में 6 दिन की सूचना देकर प्रश्न पूछने का भी अधिकार दिया गया था।

अधिनियम के अन्तर्गत प्रान्तीय विधान मण्डलों को बम्बई, मद्रास तथा बंगाल में विस्तृत कर दिया गया था। इनमें न्यूनतम 8 और अधिकतम 20 अतिरिक्त सदस्य रखे जाने थे। उत्तर पश्चिमी प्रान्त (आधुनिक यू.पी.) में अधिकतम सीमा 15 निर्धारित हुई थी। प्रान्तीय विधान मण्डलों में भी कार्यकारी परिषद् से प्रश्न पूछने की अनुमति प्रदान की गई थी। इसी प्रकार वह भी 6 दिन की पूर्व सूचना पर सरकारी नीतियों पर प्रश्न पूछ सकते थे। परन्तु यदि सरकार चाहे तो कारण बताये बगैर प्रश्नों का उत्तर देने से इन्कार कर सकती थी।

अधिनियम की सबसे उल्लेखनीय व्यवस्था 'निर्वाचन पद्धति का आरम्भ होना', थी यद्यपि उसमें निर्वाचन शब्द का प्रयोग जानबूझकर नहीं किया गया था। केन्द्रीय विधान मण्डल में अधिकारियों के अतिरिक्त 5 गैर-सरकारी सदस्य होते थे, जिन्हें चारों प्रान्तों के विधान मण्डलों के गैर-सरकारी सदस्य तथा कलकत्ता के वाणिज्य मण्डल (Chamber of Commerce) के सदस्य निर्वाचित करते थे। अन्य पांच गैर-सरकारी सदस्यों को वाइसराय मनोनीत करता था। प्रान्तीय विधान मण्डलों के सदस्यों को, नगरपालिकायें, जिला बोर्ड, विश्वविद्यालय तथा वाणिज्य मण्डल निर्वाचित करते थे। परन्तु निर्वाचन की पद्धति अप्रत्यक्ष थी, और इन निर्वाचित सदस्यों को 'मनोनीत' (nominated) की संज्ञा दी जाती थी। ये सभी ईकाइयाँ एकत्रित होकर अपने चुने हुये व्यक्तियों की सिफारिशें वाइसराय तथा गवर्नरों को भेजते थे। बहुमत द्वारा चुने हुये व्यक्ति निर्वाचित नहीं कहलाते थे अपितु यह कहा जाता था कि उनके नाम को मनोनीत करने के लिये सिफारिश की गई है। इस अधिनियम में यह व्यक्त किया गया था, "वाइसराय के लिये यह सम्भव हो सकेगा कि वह ऐसी व्यवस्था करे जिससे कुछ ऐसे व्यक्ति उसको निर्देशित किये जायें जो कि चुनाव द्वारा चुने जायें और यदि ऐसे चुनाव का वाइसराय प्रबन्ध कर सके।"

अधिनियम के अन्तर्गत यह भी व्यवस्था की गई थी कि यदि कोई अतिरिक्त सदस्य किसी भी कारण से लगातार दो माह तक विधान मण्डल की कार्यवाही में भाग न ले तो वाइसराय अथवा सम्बन्धित प्रान्त का गवर्नर उसका स्थान रिक्त घोषित कर दे। इस रिक्त स्थान को पुनः भरने की शक्ति भी वाइसराय अथवा

सम्बन्धित प्रान्त के गवर्नर को दी गई थी कि उस रिक्त स्थान पर जिसे चाहे मनोनीत कर दे।

**अधिनियम के दोष, उसका महत्व तथा मूल्यांकन**—डॉ॰ पट्टाभि सीतारमैया का कथन था, "हमें भूलना नहीं चाहिये कि 1892 के सुधारों से विधान बनाने वाली सभा के प्रतिनिधियों का चुनाव स्थापित नहीं किया गया। विधान परिषद् में प्रतिनिधित्व के लिये चुनाव का जो अधिकार स्थानीय संस्थाओं तथा अन्य को प्राप्त था, वास्तव में वह केवल नियुक्ति तक ही सीमित था और इन्हें सरकार अस्वीकार भी कर सकती थी। सामान्यतया सरकार इन नियुक्तियों को मंजूर कर लेती थी। सरकार चुनाव के सिद्धान्त का किसी भी रूप में अग्रसर होना ठीक नहीं समझती थी और उसे हर प्रकार से रोकने की चेष्टा करती थी।"

यद्यपि 1892 का भारतीय कौंसिल अधिनियम भारी आन्दोलन तथा धैर्यपूर्ण प्रतीक्षा का परिणाम था, तथापि इससे भारत को कुछ भी लाभ प्राप्त नहीं हुआ, आलोचक इसके अनेक दोषों को स्पष्ट करते हैं। इस अधिनियम के अन्तर्गत चुनाव की पद्धति अस्पष्ट थी। जो व्यक्ति विधान परिषदों के लिये इस पद्धति के द्वारा चुने जाते थे, वे इस शब्द के वास्तविक अर्थों के अनुसार जनता का प्रतिनिधित्व नहीं करते थे। वे चुनाव के अधिकार रूप में विधान परिषदों में बैठ नहीं सकते थे।

विधान परिषदों के कार्य अत्यन्त सीमित थे। सदस्य पूरक प्रश्न (Supplementary questions) नहीं पूछ सकते थे। अध्यक्ष किसी प्रश्न के पूछे जाने से इन्कार कर सकता था तथा उसके इस निर्णय के विरुद्ध प्रतिकार (remedy) नहीं था। कौंसिल को बजट पर कोई नियन्त्रण प्राप्त नहीं था।

चुनाव के नियम भी उचित नहीं थे। कुछ वर्गों को अत्यधिक प्रतिनिधित्व प्राप्त था तथा कुछ को बिल्कुल प्रतिनिधित्व प्रदान नहीं किया गया था। बम्बई में छः स्थानों में दो यूरोपीय व्यापारियों को प्रदान किये गये थे किन्तु भारतीय व्यापारियों को एक भी स्थान प्राप्त नहीं था। सिन्धु को दो स्थान प्राप्त थे। परन्तु पूना तथा सतारा को एक भी स्थान प्राप्त नहीं था।

अशासकीय सदस्यों की संख्या बहुत कम थी। पंजाब को वाइसराय की कौंसिल में कुछ भी प्रतिनिधित्व नहीं दिया गया था। गोपालकृष्ण गोखले के अनुसार, "अधिनियम की वास्तविक क्रियाशीलता उसके खोखलेपन को प्रकट कर रही थी। बम्बई प्रान्त को आठ स्थान दिये गये। दो स्थान तो भारत सरकार के द्वारा अपने नियमानुसार बम्बई विश्वविद्यालय तथा बम्बई कारपोरेशन को प्राप्त हुये। बम्बई सरकार ने दो स्थान यूरोपीय व्यापारिक वर्ग को प्रदान किये, एक स्थान दक्षिण के सरदारों को, एक स्थान सिन्ध के जमींदारों को, केवल दो स्थान

सामान्य जनता को दिये गये।" यह स्पष्ट है कि सार्वजनिक प्रतिनिधित्व प्रायः शून्य-सा ही था।

दादाभाई नौरोजी ने भारतीय राष्ट्रीय कांग्रेस के 1893 के अधिवेशन में अपने अध्यक्षीय भाषण में कहा, "1892 के अधिनियम के अनुसार किसी भी सदस्य को यह अधिकार नहीं है कि वह किसी प्रकार का प्रस्ताव प्रस्तुत कर सके अथवा इस प्रकार की वित्तीय चर्चा में कौंसिल में दलबन्दी कर सके। इस अधिनियम के अनुसार अथवा इस अधिनियम के नियमों के सम्बन्ध में किसी प्रश्न का उत्तर देने में इस अधिकार का प्रयोग कर सके। इस प्रकार वित्तीय चर्चा अथवा प्रश्न पूछने के सम्बन्ध में दी गई सुविधाओं अथवा अधिकारों के सम्बन्ध में सीमाओं की अनुचित व्यवस्था है। इस अधिनियम के अधीन बनाये गये नियमों में किसी प्रकार का परिवर्तन अथवा संशोधन ऐसी बैठकों में नहीं किया जायेगा, जो कानून तथा नियम के लिए बुलाई गई हों। इस प्रकार हम एक स्वेच्छाचारी शासन के अधीन चल रहे हैं।"

पं. मदनमोहन मालवीय के अनुसार, "इस अधिनियम से भारतीयों को उनके देश की शासन व्यवस्था में कोई वास्तविक अधिकार प्राप्त न हुआ। उन्होंने अनुभव किया कि देश का प्रशासन देश की जनता के वास्तविक लाभ के लिये नहीं हो रहा। जनता से प्राप्त किये गये राजस्व का बहुत बड़ा अंश साम्राज्यवादी कार्यों के लिये व्यय किया जा रहा है।"

प्रान्तीय कौंसिल इतनी छोटी थी कि उनमें प्रान्तों के लोगों को प्रतिनिधित्व प्राप्त नहीं हो रहा था। बंगाल के विषय में सात करोड़ व्यक्तियों का प्रतिनिधित्व सात निर्वाचित सदस्य करते थे। प्रान्तों के कुछ भाग ऐसे थे जिन्हें प्रतिनिधित्व प्राप्त ही नहीं था। लखनऊ में दिये गये अपने अध्यक्षीय भाषण में रमेशचन्द्र दत्त ने व्यक्त किया था, "अस्पष्ट तथा उलझे हुये नियमों के अधीन निर्वाचित आधे दर्जन सदस्य ऐसे प्रान्त की जनता के विचारों को कठिनाई से ही प्रकट कर सकते हैं, जिस प्रान्त की जनसंख्या तीन-चार करोड़ अथवा इससे भी अधिक हो। हम अपने देश के प्रशासन पर अपना पूर्ण नियन्त्रण नहीं चाहते परन्तु सरकार के सम्मुख अपने विचार प्रकट करने के लिये हम किसी न किसी समुचित मार्ग अथवा साधन की अवश्य मांग करते हैं जिससे सरकार हमारे हित के लिये किसी समस्या का निर्णय करने से पूर्व हमारे विचारों का ध्यान रख सके। तथापि कोई भी व्यक्ति इससे इस प्रकार का परिणाम निकाल सकता है कि यद्यपि 1892 का अधिनियम भारतीय राष्ट्रीय कांग्रेस की मांगों की अपेक्षा बहुत कम था फिर भी वह उस समय की स्थिति के अनुसार काफी प्रगतिपूर्ण था। चुनाव के सिद्धान्त को स्वीकार करने के द्वारा तथा शासन प्रबन्ध पर व्यवस्थापिका सभाओं के कुछ नियन्त्रण प्रदान किये जाने के कारण इससे भावी प्रगति के लिये मार्ग खुल गया

जिसके अनुसार भारतीयों के हाथों में देश के प्रशासन का काफी नियन्त्रण सौंपा जाना था।" इस प्रकार इस अधिनियम से सुधारों की आशा प्रतीत होने लगी थी।

पी.ई. राबर्ट्स का मत है, "यद्यपि इन सुधारों से उग्र दल को सन्तोष नहीं हुआ, तथापि भारतीयों के उच्च शासन सम्बन्धी कार्यों में हाथ बंटाने के विषय में यह एक महत्वपूर्ण पग था। इसके पश्चात् भारतीय सदस्य भी वाइसराय तथा उसकी कार्यपालिका के सदस्यों के साथ विधान परिषद् में बैठने लगे। यद्यपि ये सरकारी सदस्यों को बहुमत में नहीं हरा सकते थे, फिर भी जिन विषयों पर मत विच्छेद हो उनमें ये अपना जोर डाल सकते थे। इन्हें अपना मत देने का अधिकार था, इनके विचारों को आदर से सुना जाता था और वाइसराय भी इनकी आलोचना को ध्यान में रखता था।"

इस प्रकार इस अधिनियम के द्वारा तीन महत्वपूर्ण परिवर्तन हुये। प्रथम, सदस्यों को सरकार की वित्तीय नीति की आलोचना करने का अधिकार मिला। दूसरे, प्रश्न पूछने का अधिकार मिला और तीसरे, सदस्यों की संख्या में वृद्धि हुई। फलस्वरूप कुछ अशासकीय मनोनीत सदस्यों का चुनाव होने लगा। पहले दो परिवर्तनों के सम्बन्ध में विचारणीय है कि वित्तीय नीति पर वाद-विवाद और उसकी आलोचना से सरकार को लाभ होगा क्योंकि उसे अपनी नीति को स्पष्ट करने तथा सदस्यों का भ्रम दूर करने का अवसर मिलेगा। अतिरिक्त सदस्यों की संख्या में वृद्धि से कौंसिलों को कार्यपालिका पर प्रभाव डालने का अवसर प्राप्त हुआ। इन परिवर्तनों के महत्व को स्वीकार करते हुये सुरेन्द्रनाथ बनर्जी ने मत प्रकट किया था कि 1892 के अधिनियम से भारत में प्रतिनिधियात्मक (representative) शासन की नींव भली-भांति तथा सत्य रूप में पड़ी।

इस अधिनियम का सबसे बड़ा दोष यह था कि इसने राष्ट्रीय कांग्रेस की मांगों को सन्तोषजनक रीति से पूरा नहीं किया। इसके अन्तर्गत कौंसिलों की सदस्य संख्या में की गई वृद्धि अत्यधिक कम थी। फलस्वरूप देश के नेताओं को इस अधिनियम से कोई सन्तोष न हुआ। परन्तु शासक जाति ने 1861 के अधिनियम के बाद यह अनुभव कर लिया था कि कौंसिलों द्वारा विधि निर्माण कार्य में भारतीयों के सहयोग से लाभ होगा अत: 1892 के अधिनियम के अन्तर्गत अधिक भारतीय सदस्यों को कौंसिल में लिये जाने की व्यवस्था की गई थी। श्री गुरूमुख निहाल सिंह के इस कथन से हम सहमत हैं कि यह अधिनियम भारतीय राष्ट्रीय कांग्रेस के प्रयत्नों का प्रथम परिणाम था।

इस प्रकार 1892 का भारतीय कौंसिल अधिनियम 1861 के अधिनियम से उन्नति की ओर एक पग था। इस अधिनियम से विधान मण्डलों के कार्य विस्तृत कर दिये गये। सदस्य प्रश्न पूछ सकते थे और इस प्रकार कार्यकारिणी से जो सूचना चाहे प्राप्त कर सकते थे। चालू वर्ष के लिए वित्तीय विवरण तथा अगले

वर्ष के लिये बजट सदन के समक्ष रखा जाता था। सदस्यों को बजट पर साधारण विचार व्यक्त करने तथा व्यय में कमी अथवा बढ़ोत्तरी करने के लिये सुझाव देने का अधिकार मिल गया। अब जबकि विधान मण्डल के अधिकार क्षेत्र बढ़ गये थे, देश के सब से प्रतिभाशाली लोग इनमें आने लगे। गोपाल कृष्ण गोखले, आशुतोष मुखर्जी, रासबिहारी घोष, सुरेन्द्रनाथ बनर्जी जैसे प्रमुख नेता विधान मण्डलों में प्रवेश कर गये। उनकी वाक्‌पटुता तथा राजनैतिक बुद्धि ने शिक्षित भारतीयों की संसदीय शक्तियों तथा देशभक्ति को पर्याप्त मात्रा में व्यक्त किया। केन्द्र में अतिरिक्त सदस्यों की न्यूनतम तथा अधिकतम संख्या 1861 के एक्ट में दी गई संख्या से 4 बढ़ा दी गई। बम्बई, मद्रास तथा कलकत्ता की परिषदों में अतिरिक्त सदस्यों की अधिकतम संख्या 20 अधिक हो गई। इनमें से 9 सरकारी अधिकारी, 4 मनोनीत तथा 7 निर्वाचित लोग होते थे। निर्वाचन मण्डल, नगरपालिकायें तथा जिला बोर्ड, विश्वविद्यालय तथा व्यापार सभी को मिलाकर निश्चित हुआ था।

इस अधिनियम में चुनाव प्रणाली का स्वीकार करना यद्यपि निहित था, स्पष्ट नहीं, एक अत्यधिक वैधानिक महत्व की बात थी। यद्यपि प्रतिनिधि सरकार बहुत दूर की बात थी, फिर भी कुछ न कुछ आरम्भ तो हो ही गया था। इस अधिनियम में बहुत-सी त्रुटियाँ थीं जिनके कारण भारतीय राष्ट्रवादी इससे असन्तुष्ट रहे। भारतीय राष्ट्रीय कांग्रेस में एक्ट की कटु आलोचना हुई थी। आलोचकों ने टेढ़ी-मेढ़ी निर्वाचन पद्धति की बहुत आलोचना की थी। यह कहा गया कि स्थानीय निकायों (local bodies) को चुनाव मण्डल बनाना एक प्रकार का उनके द्वारा मनोनीत करना ही है और फिर यह कि सरकार की इच्छा पर ही है कि इनको स्वीकार करे अथवा अस्वीकार करे। विधान मण्डलों की शक्तियाँ भी बहुत ही सीमित थी। सदस्य अनुपूरक (supplementary) प्रश्न नहीं पूछ सकते थे। किसी प्रश्न का उत्तर देने से इन्कार किया जा सकता था और इसका कोई प्रतिकार नहीं था। परिषदों को बजट पर कोई विशेष अधिकार नहीं दिया गया था चुनाव के नियम बहुत ही असन्तोषजनक थे। कुछ वर्गों को कोई प्रतिनिधित्व नहीं मिला था तथा कुछ को अत्यधिक प्रतिनिधित्व दिया गया था।

निष्कर्ष के रूप में यह कहा जा सकता है कि 1892 का अधिनियम यद्यपि कांग्रेस की मांगों से बहुत ही कम था फिर भी यह जो पहले व्यवस्था थी उससे बहुत अच्छा था। प्रतिनिधियों के चुनाव तथा विधान मण्डल को कार्यकारिणी पर थोड़ा बहुत नियन्त्रण देकर, इस अधिनियम ने संसदीय उत्तरदायी सरकार के आरम्भ करने के लिये मार्ग प्रशस्त किया था।

# 8

# 1909 का भारतीय कौंसिल अधिनियम तथा मिन्टो-मार्ले सुधार योजना

**1909 के भारतीय कौंसिल अधिनियम के पारित होने की पृष्ठभूमि तथा घटनायें**–1909 के सुधारों से कांग्रेस की मांगों की पूर्ति नहीं हुई लोकमान्य तिलक ने कांग्रेस की दुर्बल तथा भिक्षावृत्ति की नीति की इन शब्दों में कटु आलोचना की, "राजनैतिक अधिकारों के लिये लड़ना पड़ेगा। उदारवादी दल के लोग यह समझते हैं कि ये प्रेरणा से प्राप्त किये जा सकते हैं। हम समझते हैं कि ये दबाव से प्राप्त किये जा सकते हैं।" विदेशी शासकों की शोषण नीति ने असन्तोष को व्यापक बनाने में योग दिया था। भारत की जनता 1892 के भारतीय कौंसिल अधिनियम द्वारा किये गये सुधारों से सन्तुष्ट नहीं थी, जो लोग इस अधिनियम के पक्ष में भी थे, उन्हें भी शनैः शनैः यह अनुभव होने लगा कि वास्तव में यह निरर्थक सुधार थे। यह असन्तोष दिनोंदिन बढ़ता ही गया।

लार्ड कर्जन के वाइसराय काल (1899-1905) में यह असन्तोष और तीव्र हो गया। उनकी निरंकुशता तथा नौकरशाही की नीतियों ने भारतीयों के हृदयों में घृणा के बीज बोये। लार्ड कर्जन का कथन था कि भारतीय उत्तरदायित्व के पद पर नियुक्त किये जाने योग्य नहीं है। भारतीयों की वे भर्त्सना किया करते थे। लार्ड कर्जन कहा करते थे कि ईश्वर ने अंग्रेजों को भारतीयों पर शासन करने के लिये चुना है और भारतीयों को किसी भी प्रकार के अधिकार देना भगवान की इच्छा के विपरीत होगा। भारतीयों को यह सहन नहीं हो पा रहा था। कर्जन भारतीयों के स्वशासन के घोर विरोधी थे। कर्जन के प्रयासों ने कलकत्ता कारपोरेशन अधिनियम में संशोधन करके कलकत्ता में स्वशासन का अन्त कर दिया था। भारतीय विश्वविद्यालय अधिनियम (1904) ने विश्वविद्यालयों पर सरकारी नियन्त्रण स्थापित कर दिया था। अन्त में 1905 के बंगाल विभाजन से भारत में कर्जन, ब्रिटिश सरकार के विरुद्ध असन्तोष प्रबल होता चला गया जो छः वर्ष उपरान्त विभाजन रद्द हो जाने पर ही शान्त हुआ। संक्षेप में लार्ड कर्जन के कार्य भारतीयों को सरकार विरोधी बनाने में बहुत हद तक उत्तरदायी थे।

1905 तथा 1909 के मध्य के समय में असन्तोष की लहर सर्वत्र बनी रही। 1905 में जापान की रूस पर विजय से भारतीयों के मन में यह विश्वास उत्पन्न हुआ कि अब पूर्व भी जाग रहा है, यूरोपीय अजेय नहीं है, उन्हें अपनी भावी जीत में विश्वास हो गया। यह भावना व्यापक होने लगी थी कि इंग्लैण्ड अवनति के मार्ग पर है। सर हेनरल काटन ने इस समय की स्थिति का वर्णन करते हुये व्यक्त किया, "हर तरफ नई उमंगे उठ रही हैं। संसार में हो रही घटनायें भारतीय भी देख रहे हैं। आयरलैण्ड के प्रश्न के सुलझने से नई आशा उठ रही है। रूस में स्वतन्त्रता संग्राम के विकास का भी ध्यानपूर्वक अध्ययन हो रहा है। मिस्र के राष्ट्रीय आन्दोलन का भी भारतीय स्थिति पर प्रभाव पड़ रहा है। इस्लामी आन्दोलन, पर्शिया का आन्दोलन तथा दक्षिणी अफ्रीका में एथिओपियनिज्म, सभी का भारत पर प्रभाव पड़ा। चीन को भी जो विदेशियों से अधिकार प्राप्त हो रहे थे उनसे भारतीयों को प्रोत्साहन मिला। सबसे महत्वपूर्ण तो जापान की रूस पर विजय थी जिससे पूर्व को राष्ट्रीय भावना की शक्ति का अनुभव हुआ। राष्ट्रीय अस्तित्व ने ही जापान को इतनी शक्ति दी थी। राष्ट्रीयता, देशभक्ति और राष्ट्र की शक्ति का संयोग केवल स्वतन्त्रता मिलने पर ही हो सकता है। भारत के लोग भी अपने चारों ओर विश्व में फैली राष्ट्रीय भावना की अग्नि से प्रज्वलित हो उठे हैं।"

1906 में उदार दल की विजय से भारतीय आशान्वित हुये परन्तु भारतीयों की आशा शीघ्र ही धूमिल हो गई। उदार दल ने भारतीय राष्ट्रीय आन्दोलन को गम्भीरता से ग्रहण नहीं किया। लार्ड मार्ले जो कि नये भारत राज्य सचिव नियुक्त हुये थे, उसे राष्ट्रीय आन्दोल की गम्भीरता में विश्वास नहीं था। यह सर्वविदित था कि उस समय के वातावरण में शासन करने के लिये लार्ड मार्ले योग्य व्यक्ति नहीं था। कीमतें बढ़ने से मध्यम वर्ग की जनता को बहुत कठिनाई का सामना करना पड़ा और उसकी उद्विग्नता बढ़ने लगी।

विदेशी शासकों की शोषण नीति से आर.सी. दत्त तथा दादाभाई नौरोजी तथा अन्य देशभक्तों के इस कथन की सत्यता को बल मिला कि देश की निर्धनता शासक वर्ग की इस नीति के फलस्वरूप है जिसके अनुसार अंग्रेज उद्योगपतियों को भारतीय उद्योग तथा व्यापार की बलि देकर सुदृढ़ बनाया जा रहा है। एक अन्य कारण जिससे लोगों में असन्तोष जाग्रत हुआ, वह था कि शिक्षित भारतीयों को, उचित भाग की तो बात जाने दो, सरकारी सेवाओं तथा शासन में कोई भी भाग नहीं मिला। लार्ड कर्जन की साम्राज्यवादी तथा कठोर नीतियों से आग में तेल का काम हुआ और बुद्धिजीवी लोगों में विदेशी सरकार के प्रति अधिक विरोध उत्पन्न हुआ। लार्ड कर्जन भारतीयों के प्रति किसी प्रकार की कोई सहानुभूति नहीं रखता था। उसने कलकत्ता निगम को पूर्णरूपेण सरकारी प्रभाव

के अधीन बना दिया और इसमें 1899 में एक तिहाई सदस्य कम करके यूरोपीयों को बहुमत दे दिया गया। पांच वर्ष पश्चात् ऐसी ही नीति भारतीय विश्वविद्यालयों में भी लागू की गई जिससे उनकी प्रभुसत्ता समाप्त हो गई। उसी वर्ष (1904) में राजकीय रहस्य अधिनियम (Official Secrets Act) के अनुसार विद्रोह (Sedition) की परिभाषा अधिक विस्तृत कर दी गई। परन्तु सबसे गहरा आघात बंगाल के विभाजन से लगा जिसको बंगाल की उभरती हुई राष्ट्रीयता पर एक बड़ा प्रहार माना गया। बंगालियों ने इसे अपने प्रति "तिरस्कार, मानहानि तथा धोखे" की संज्ञा दी और इसे समाप्त करने के लिये भिन्न-भिन्न आन्दोलन किये। असन्तोष के अन्य कारण भी थे। समुद्र पार भारतीयों के साथ, विशेषकर दक्षिणी अफ्रीका में बहुत अपमान का व्यवहार किया जा रहा था, सम्भवतः इसलिये कि वे दास जाति से सम्बन्धित हैं। अतएव लोगों में यह भावना उत्पन्न हुई कि जब तक वे स्वतन्त्र नहीं हो जाते उन्हें उचित व्यवहार की आशा नहीं करनी चाहिये और इससे राष्ट्रवाद को अत्यधिक प्रोत्साहन प्राप्त हुआ।

19वीं शताब्दी के अन्तिम दिनों में भयानक अकाल तथा प्लेग का प्रकोप हुआ जिससे लोगों का दुःख तथा विपत्ति बहुत बढ़ गई। लोगों ने अपनी विपत्ति के लिये अंग्रेजों को उत्तरदायी ठहराया क्योंकि इन संकटों से त्राण पाने के लिये सरकार ने त्वरित तथा ठोस कार्यवाही नहीं की थी। समाचार-पत्रों ने जो 1882 से स्वतन्त्र थे, इन सभी घटनाओं पर उचित रूप से अंग्रेजी शासन की बुराइयों को उजागर किया। तिलक, विपिन चन्द्रपाल तथा लाजपतराय ने देश के विभिन्न स्थानों का दौरा करके जनता को इन कष्टों तथा शासन के दोषों को व्यक्त किया, इससे जनता में जागृति उत्पन्न हो गई। ऐसी स्थिति में यद्यपि सरकार ने दबाने का प्रयत्न किया परन्तु फिर भी असन्तोष के ज्वार ने अतिवाद (Extremism) के उत्पन्न होने और व्यापक बनाने में योग दिया। भारतीय राष्ट्रीय कांग्रेस दो दलों में विभक्त हो गई–संयत मार्गी तथा अतिमार्गी (Moderates and Extremists)। यह विभाजन 1907 में सूरत अधिवेशन में पूरी तरह से प्रकट हो गया। संयत मार्गी अभी भी इस विचार के थे कि संवैधानिक साधनों द्वारा ही फल प्राप्ति करनी चाहिये। अति मार्गी यह समझते थे कि साध्य प्राप्ति से ही साधनों का औचित्य निश्चित होता है। उन्होंने बहिष्कार की नीति (विदेशी माल, व्यापार, सरकारी सेवाओं, उपाधियों और पदवियों इत्यादि) को तथा स्वदेशी आन्दोलन को, राष्ट्रीय शिक्षा संस्थानों के स्थापन को, तथा आतंकवाद को अपनाया।

इसी मध्य एक और महत्वपूर्ण घटना घटी। एक ओर कांग्रेस दिनोंदिन सुदृढ़ होती जा रही थी और उनकी स्वतन्त्रता की भावना बढ़ती जा रही थी तो दूसरी ओर मुसलमान इस आन्दोलन से दूर-दूर होते जा रहे थे। कूपलैण्ड (Coupland) के अनुसार मुसलमानों की उदासीनता, यदि विरोध नहीं, का मुख्य कारण शिक्षा

का अभाव तथा यह अनुभव करना ही था कि वे तो भारतीय जनसंख्या के केवल चौथा भाग ही हैं। आरम्भ में इस उदासीन नीति का मुख्य कारण सर सैयद अहमद द्वारा समर्थित नीति थी। इस नीति का मुख्य कारण अंग्रेजी नौकरशाही द्वारा आरम्भ की गई "बांटो और राज्य करो" (divide and rule) की नीति थी। अंग्रेजी नौकरशाही के प्रोत्साहन पर मुसलमानों का एक प्रतिनिधि मण्डल आगा खां के नेतृत्व में 1 अक्तूबर 1906 को शिमला में लार्ड मिन्टो (तत्कालीन वाइसराय) को मिला। लार्ड मिन्टो ने उन्हें विश्वास दिलाया कि वह उनके पृथक मतदान का समर्थन कर रहे हैं इसके अतिरिक्त उनकी साम्राज्य के प्रति सेवाओं के लिये अधिक संख्या में प्रतिनिधित्व देने का भी समर्थन कर रहे हैं। इस प्रकार पासा फेंक दिया गया था और साम्प्रदायिकता का जन्म हो गया था। लार्ड मिन्टो ने इस अवसर पर जो व्यक्त किया था, वह ब्रिटिश नौकरशाही के बदलते दृष्टिकोण का प्रतीक था, उन्हीं के शब्दों में, "जहाँ तक मैं समझता हूँ, आपका उद्देश्य है कि म्यूनिसपेलिटी, जिला परिषद्, विधान परिषद् में यदि निर्वाचन प्रणाली प्रारम्भ करनी हो अथवा उसका विकास करना हो तो उसमें मुसलमानों का प्रतिनिधित्व एक विभिन्न समुदाय के रूप में हो। आपने संकेत किया है कि इस समय की अधिकांश निर्वाचकीय संस्थाओं से मुसलमान सदस्यों के चुनाव की आशा नहीं की जा सकती, और यदि ऐसा हो भी जाये तो ऐसा सदस्यों को अपना दृष्टिकोण बहुमत के हक में त्याग देना होगा जबकि बहुमत उसके सहधर्मियों के विरुद्ध हो। आपकी यह मांग भी ठीक है कि आपका प्रतिनिधि केवल आपकी जनसंख्या के हिसाब से ही नहीं होना चाहिये लेकिन आपके धर्म के राजनैतिक महत्व को तथा साम्राज्य हेतु इसकी सेवाओं को भी ध्यान में रखना चाहिये। मैं आपसे बिल्कुल सहमत हूँ; लेकिन मुझको गलत न समझना। मैं यह बताने की चेष्टा नहीं कर रहा हूँ कि किस तरह धर्म समुदायों का प्रतिनिधित्व होगा, लेकिन मुझे इतना विश्वास है कि भारत में वह निर्वाचकीय प्रतिनिधित्व असफल होगा जो केवल व्यक्तिगत प्रतिनिधित्व के आधार पर हो और जनसमाज के विश्वास तथा परम्परा की उपेक्षा करे।" दिसम्बर 1906 में ढाका के नवाब ने भारत के मुसलमानों से "आल इण्डिया मुस्लिम कानफेडरेसी" बनाने की अपील की। इसका उद्देश्य, "सरकार के सब कार्यों का समर्थन करना, अपने सहयोगियों के हित के लिये कार्य करना, भारतीय नेशनल कांग्रेस के, जो कि अंग्रेजी सरकार को हटाने के लिये प्रयत्नशील है, बढ़ते हुये प्रभाव को स्थगित करना, तथा अपने शिक्षित युवकों को, जो कि ऐसी संस्था की अनुपस्थिति में कांग्रेस दल में शामिल हो गये हैं, अपनी योग्यता का लाभ उठाने का मौका देना है।" इस प्रकार 1906 में आल इण्डिया मुस्लिम लीग स्थापित हुई। भारत की सरकार ने इंग्लैण्ड की सरकार को मुसलमानों को अलग प्रतिनिधित्व प्रदान करने के सिद्धान्त को स्वीकृत

करने का परामर्श दिया। हिन्दुओं ने इसका विरोध किया परन्तु ब्रिटिश सरकार ने मुसलमानों की अलग प्रतिनिधित्व की मांग को स्वीकार कर लिया।

इस समय तक भारत राज्य सचिव लार्ड मार्ले तथा वाइसराय लार्ड मिन्टो में यह वार्ता बराबर चलती रही कि भारतीयों को किस प्रकार के सुधार देना ठीक है। 1906 में लार्ड मिण्टो ने लिखा था, "हम, भारत की सरकार, वर्तमान स्थिति का अहसास किये बिना नहीं रह सकते। यहाँ का राजनैतिक वातावरण बिल्कुल परिवर्तित हो गया है। ऐसे प्रश्न उठ रहे हैं जिन्हें हम अनसुना नहीं कर सकते और जिन्हें सुलझाने की चेष्टा हमें करनी चाहिये और जहाँ तक मेरा विचार है, यह प्रतीत हो कि यहाँ के आन्दोलन के कारण या ब्रिटिश सरकार के दबाव के कारण यह कार्य हुआ है। वर्तमान स्थिति को समझकर ब्रिटेन की सरकार के सामने अपने विचारों को रखना हमारा कर्तव्य है।"

लार्ड मिण्टो ने 1907 में अपने प्रस्ताव लार्ड मार्ले के समक्ष रखे। उनका उद्देश्य शिक्षित वर्ग को भारत के शासन में हाथ बंटाने का अवसर देना था। उसने विधान परिषद् के साथ-साथ मन्त्रणा परिषद् की स्थापना का प्रस्ताव रखा। यहां पर उस पत्र का सारांश, जिसमें लार्ड मिन्टो ने लार्ड मार्ले को सुधारों हेतु प्रस्ताव प्रेषित किये थे, उद्धृत किया जा रहा है, जिससे वस्तु-स्थिति को समझा जा सकता है। "समय बीत रहा है, हमें सुधार के लिये कार्यक्रम जल्दी ही बना लेना चाहिये। हमें केवल सुधारों की प्रवृत्ति ही नहीं निश्चित करनी, हमें यह भी सोचना है कि इन्हें कैसे और कहाँ तथा कब लागू करना है। मैं इस प्रकार सुधारों की योजना प्रस्तुत कर रहा हूँ।"

(i) एक राजाओं की परिषद् बनाई जाये, जिसका काम उन प्रश्नों को सुलझाना हो जो कि भारतीय रियासतों तथा उनके ब्रिटिश भारत के साथ सम्बन्ध से उत्पन्न होते हैं। भारतीय रियासतों के शासकों की साम्राज्यी विषयों में रूचि स्थापित करने तथा उनकी स्वामीभक्ति कायम रखने के लिये रियासतों के शासकों की इस परिषद् का सुझाव दिया गया।

(ii) साम्राज्यी तथा प्रान्तीय परिषदों के प्रतिनिधियों की संख्या बढ़ाना और इन परिषदों में वाद-विवाद का क्षेत्र विस्तृत करने का सुझाव दिया गया।

(iii) जिला परिषदों में अधिक लोकप्रिय प्रतिनिधित्व तथा उनके अधिकार बढ़ाने का सुझाव दिया गया।

(iv) वाइसराय की परिषद् में एक भारतीय सदस्य की नियुक्ति की जाये।

(v) दोनों प्रेसीडेन्सियों (बम्बई, मद्रास) की कार्यपालिका परिषद् में एक सदस्य (भारतीय) की वृद्धि की जाये।

(vi) बंगाल प्रेसीडेन्सी तथा उत्तर प्रान्त के लिये चार सदस्यों की कार्यकारी परिषद् बने जिसमें एक-एक सदस्य भारतीय हो।

"मैं आपको यह स्पष्ट कर दूँ कि मेरे सहयोगी वाइसराय की परिषद् में भारतीय सदस्य की उपस्थिति के विरुद्ध नहीं हैं।" लार्ड मार्ले ने अधिकांश प्रस्ताव स्वीकार कर लिये और फिर सुधारों की योजना तैयार की जाने लगी।

मार्ले-मिण्टो के नाम से सम्बन्धित पहला सुधार यह परिलक्षित हुआ कि भारत राज्य सचिव की परिषद् में दो भारतीयों—के.जी. गुप्ता, एक हिन्दू सिविलियन तथा सैयद हुसैन बिलग्रामी, निजाम हैदराबाद के प्रमुख परामर्शदाता को 1907 में, सदस्य नियुक्त किया गया। साथ ही, बंगाल के तत्कालीन वाइसराय की कार्यकारी परिषद् के तत्कालीन एडवोकेट जनरल भावी लार्ड सिन्हा को प्रथम भारतीय सदस्य नियुक्त किया गया। इन नियुक्तियों को विशेष महत्व की दृष्टि से देखा जाने लगा तथा सुधारों की आशा बलवती हो गई। भारतीय आशान्वित हुए।

यदि 1892 का भारतीय परिषद् अधिनियम इसलिये पारित किया गया था कि कांग्रेस आन्दोलन को हानि पहुँचे, तो 1909 का अधिनियम कांग्रेस में संयत मार्गियों तथा मुसलमानों को अपनी ओर मिलाने के लिये पारित किया गया था। लार्ड मार्ले के लिये समय आ गया था कि वे सुधारों की योजना पारित कराने का मार्ग प्रशस्त करे। लार्ड मार्ले तथा लार्ड मिण्टो, दोनों ही पूर्णतया सहमत थे कि अब समय आ गया है कि कुछ और राजनैतिक सुधार किये जायें। मिण्टो का विचार था कि भारत में अंग्रेजी साम्राज्य का चलना इस बात पर निर्भर करेगा कि समकालीन तथा परिवर्तित स्थितियों को ठीक-ठीक समझा जाये तथा उनके अनुसार आचरण किया जाये। मार्ले ने सुधारों की योजना पर भारतीय जनता के विचारों को जानने के उद्देश्य से, उसे स्थानीय निकायों के पास भेजा। उन सभी आलोचनाओं के प्रकाश में नये सुधार प्रस्ताव बनाये गये और मन्त्रिमण्डल की स्वीकृति के पश्चात् ब्रिटिश संसद के समक्ष रखे गये जो फरवरी 1909 में भारतीय परिषद् एक्ट 1909 के रूप में पारित हो गये।

**1909 के भारतीय कौंसिल अधिनियम के प्रावधान**—केन्द्रीय विधान मण्डल में 'अतिरिक्त' सदस्यों की अधिकतम संख्या 60 कर दी गई। अब केन्द्रीय विधान मण्डल में 69 सदस्य थे जिनमें से 37 शासकीय सदस्य तथा 32 अशासकीय वर्ग के थे। शासकीयों में से केवल 9 पदे (ex-officio) सदस्य थे अर्थात् वाइसराय तथा उसके सात कार्यकारी पार्षद (executive councillors)

और एक असाधारण (extra-ordinary) सदस्य तथा 28 सदस्य वाइसराय द्वारा मनोनीत किये जाते थे। 32 अशासकीय सदस्यों में से 5 वाइसराय द्वारा मनोनीत किये जाते थे और शेष 27 निर्वाचित किये जाते थे। इन निर्वाचित सदस्यों के विषय में यह कहा गया कि प्रादेशिक अथवा क्षेत्रीय (territorial) प्रतिनिधित्व तो भारत में उपयुक्त नहीं है अतएव देश में वर्ग तथा विशेष हितों (classes and interests) को प्रतिनिधित्व मिलना चाहिये। अत: इन 27 में से 13 तो साधारण निर्वाचन मण्डल (general electorate) से आने चाहिये। जिनमें निर्वाचित सदस्य बम्बई, बंगाल, मद्रास तथा संयुक्त प्रान्त (आधुनिक उत्तर प्रदेश) से दो-दो (8), तथा आसाम, बिहार तथा उड़ीसा, मध्य प्रान्त पंजाब तथा बर्मा से एक-एक (5), निर्वाचित होते थे। यह निर्वाचन मण्डल इन प्रान्तीय विधान परिषदों के केवल निर्वाचित सदस्यों का ही होता था। शेष 14 में से 12 विशेष वर्ग निर्वाचन मण्डल से आते थे। इन वर्ग विशेष के प्रतिनिधियों में 6 को बम्बई, मद्रास, बंगाल, बिहार तथा उड़ीसा, संयुक्त प्रान्त, मध्य प्रान्त से एक-एक भूमिपतियों के निर्वाचन मण्डल निर्वाचित करते थे। अन्य 6 पृथक मुस्लिम निर्वाचन क्षेत्रों से मद्रास, बम्बई, संयुक्त प्रान्त, बिहार तथा उड़ीसा से एक-एक और बंगाल से दो निर्वाचित होते थे। शेष दो स्थान बम्बई तथा बंगाल के वाणिज्य मण्डलों को दिये गये।

प्रान्तीय विधान मण्डलों में भिन्न-भिन्न प्रान्तों की विधान परिषदों की सदस्य संख्या में वृद्धि कर दी गई थी। अब विधान परिषदों की सदस्य संख्या भिन्न-भिन्न प्रान्तों की इस प्रकार थी–बर्मा में 16; पूर्वी बंगाल तथा आसाम में 41; बंगाल में 52; मद्रास में 47; बम्बई में 47; संयुक्त प्रान्त में 47; पंजाब में 25; 1 प्रान्त में अशासकीय सदस्य का बहुमत था। इनमें से अधिकांश गवर्नर के द्वारा मनोनीत किये जाते थे, शेष निर्वाचित होते थे। मनोनीत सदस्यों की संख्या अधिक होने से प्रान्तीय विधान परिषदों में सरकारी नियन्त्रण स्थापित रहा। उदाहरण के रूप में मद्रास के 47 सदस्यों में से 26 अशासकीय थे परन्तु इनमें से केवल 21 ही निर्वाचित होते थे और शेष 5 सदस्य गवर्नर द्वारा मनोनीत किये जाते थे। ये मनोनीत सदस्य सदैव ही सरकार का पक्ष लेते थे अतएव सरकार का नियन्त्रण बना रहा। ऐसी ही सभी प्रान्तों में व्यवस्था थी। इन निर्वाचित सदस्यों में भी भिन्न निकायों को प्रतिनिधित्व प्राप्त था। उदाहरण के रूप में बम्बई के 21 निर्वाचित सदस्यों में से 6 सदस्य बम्बई विश्वविद्यालय तथा बम्बई नगर निगम द्वारा चुने जाते थे। 8 साधारण निर्वाचन मण्डलों द्वारा जिसमें नगरपालिकाओं तथा जिला बोर्डों के सदस्य होते थे। शेष 7 को वर्ग विशेष के निर्वाचन मण्डल चुनते थे जिनमें 4 केवल मुसलमानों द्वारा और 3 भूमिपतियों द्वारा निर्वाचित किये जाते थे।

बंगाल, मद्रास तथा बम्बई की कार्यकारिणी की सदस्य संख्या बढ़ाकर 4 कर दी गई।

उप-राज्यपालों (Lieutenant Governors) को भी अपनी कार्यकारिणी नियुक्त करने की अनुमति प्रदान की गई।

केन्द्र तथा प्रान्तीय विधान परिषदों के कार्यों का भी विस्तार किया गया। अब सदस्यों को वाद-विवाद करने का अधिकार दिया गया और वे पूरक प्रश्न पूछ सकते थे। अधिकारी सदस्य यदि वह तुरन्त उत्तर न दे सके तो वह कुछ समय मांग सकता था। केन्द्रीय विधान मण्डल में बजट की विवेचना के लिये विस्तार से नियम निर्मित कर दिये गये थे। सदस्यों को यद्यपि मत देने का अधिकार नहीं दिया गया था परन्तु वे स्थानीय निकायों के लिये धन की मांग रख सकते थे। करों में संशोधन, नये ऋण इत्यादि के लिये भी प्रस्ताव रख सकते थे। वित्तीय विवरण विधान परिषद् में रखने से पूर्व एक ऐसी समिति में रखा जाना था जिसकी सदस्य संख्या अशासनिक तथा मनोनीत सदस्यों के बीच आधी-आधी होती थी।

जन-साधारण के हितों से सम्बन्धित मामलों की विवेचना के लिये निश्चित नियम बनाये गये। सदस्य इन मामलों की विवेचना कर सकते थे, उन पर मत दे सकते थे। यद्यपि प्रधान को अनुमति थी कि यदि वह चाहे तो प्रस्ताव के किसी अंश अथवा समस्त प्रस्ताव की ही बिना कारण बताये आज्ञा न दे। सरकार इन प्रस्तावों को मानने के लिये बाध्य नहीं थी।

कुछ ऐसे मामले भी थे जिनकी सदस्य विवेचना नहीं कर सकते थे। विदेशी सम्बन्धों, देशी राजाओं से सम्बन्धी, कानून के समक्ष निर्णय के लिये प्रस्तुत प्रश्नों, राज्य रेलवे पर व्यय तथा ऋण पर ब्याज इत्यादि प्रश्नों को नहीं उठाया जा सकता था।

प्रान्तों में विश्वविद्यालय की सीनेटों, जमींदारों, जिला बोर्डो, नगरपालिका सभाओं तथा व्यापार मण्डलों के सदस्यों का चुनाव करना था। मुसलमानों को अलग प्रतिनिधित्व दिया गया। व्यवस्थापिका सभाओं के मुस्लिम सदस्यों का चुनाव मुसलमान ही कर सकते थे।

राजनैतिक अपराधियों पर अयोग्यतायें आरोपित कर दी गईं। वे चुनाव में भाग नहीं ले सकते थे। सरकार के उच्च अधिकारियों को अधिकार प्रदान किया गया कि वे इन अयोग्यताओं को हटा सकें।

**अधिनियम की आलोचना, मूल्यांकन**—इस अधिनियम के अन्तर्गत अनेक दोष विद्यमान थे—पहला दोष यह था कि मुसलमानों के लिए पृथक निर्वाचन की प्रणाली प्रचलित की गई। वास्तव में यह नीति ब्रिटिश सरकार की 'विभाजन करो और शासन करो' की नीति का मुख्य पहलू थी। इस दोष की गम्भीरता

इस कारण और भी अधिक परिलक्षित हुई कि कानून के अन्तर्गत बने नियमों द्वारा मुसलमानों को बहुमताधिकार (plural voting) मिला और निर्वाचित स्थानों में उन्हें जनसंख्या के अनुपात से कहीं अधिक स्थान मिले। उदाहरण के लिये संयुक्त प्रान्त की विधान परिषद् में मुसलमानों को 26 में 8 स्थान प्राप्त हुये जबकि उनकी जनसंख्या कुल 1/6 थी। इसके अतिरिक्त मुसलमानों को ही प्रत्यक्ष (direct) निर्वाचन का अधिकार प्राप्त हुआ था तथा मुसलमानों को मताधिकार (franchise) भी अन्य समुदायों की अपेक्षा अधिक उदारपूर्ण ढंग से प्राप्त हुआ था।

अधिनियम का दूसरा मुख्य दोष यह था कि विधान परिषदों में निर्वाचित सदस्यों का बहुमत नहीं था। कांग्रेस ने विधान परिषदों में कम से कम आधे निर्वाचित सदस्यों तथा अधिक से अधिक 1/4 सरकारी सदस्यों की मांग की थी। इस पर भी केन्द्रीय तथा प्रान्तीय विधान परिषद् में उनकी इस मांग को पूरा नहीं किया गया था। इसलिये अधिनियम के विरुद्ध भारतीयों का रोष प्रकट करना स्वाभाविक था।

अधिनियम का तीसरा मुख्य दोष यह था, यद्यपि सुधार योजना में निर्वाचन पद्धति का प्रचालित करना एक प्रगतिशील पग था परन्तु इस योजना के अन्तर्गत मताधिकार बहुत ही कम व्यक्तियों को प्राप्त हुआ। स्त्रियों को मताधिकार प्रदान नहीं किया गया था। यह दोष इसलिये और भी गंभीर था कि वर्गीय और विशेष निर्वाचन क्षेत्रों को छोड़कर चुनाव अत्यन्त ही अप्रत्यक्ष थे अर्थात् जनता और उनके प्रतिनिधियों के मध्य कोई सम्बन्ध नहीं था।

अधिनियम का चौथा दोष यह था, यद्यपि सुधार योजना के अन्तर्गत संसदीय संस्थायें निर्मित की गईं परन्तु उत्तरदायी शासन के सिद्धान्त का आंशिक रूप में भी विकास नहीं होने दिया गया। इसका परिणाम यह रहा कि संसदीय प्रथायें प्रचलित हुई परन्तु संसदीय शासन की आत्मा का अभाव रहा। लायनेल कर्टिस ने ठीक ही लिखा है कि निर्वाचित सदस्य किसी प्रकार के भी उत्तरदायित्व से न सम्बद्ध होने के कारण सरकारी नीति और विधेयकों की मनचाही आलोचना कर सकते थे।

इन मुख्य दोषों की समीक्षा करते हुये डॉ. जकारिया ने इस अधिनियम के सम्बन्ध में अपने विचार प्रकट किया है, "इन सुधारों का सार उन बातों के देने में था जो एकदम निरर्थक थी। इस प्रकार प्रजातन्त्र का निर्वाचन सिद्धान्त माना गया, परन्तु साथ ही अप्रजातन्त्रात्मक साम्प्रदायिक प्रतिनिधित्व की प्रणाली जोड़ दी गई। सरकारी सदस्यों के बहुमत का अन्त किया गया, किन्तु निर्वाचित सदस्य फिर भी अल्पमत में रहे। सदस्य संख्या में पर्याप्त वृद्धि हुई, परन्तु मार्ले ने स्वयं यह घोषित किया कि नवीन परिषदों का अर्ध लेशमात्र भी संसदीय पद्धति प्रचलित

करना नहीं था। भारतीय विधान-परिषद् और वाइसराय की कार्यकारिणी परिषद् में भी कुछ छंटे हुये भारतीयों को सदस्य बनाया गया, परन्तु यह तथ्य छुपा नहीं था कि वास्तविक शक्ति अंग्रेजों के ही हाथों में थी।"

आलोचकों ने ठीक ही कहा कि 1909 के सुधारों ने जनता को सार नहीं परछाई दी है, उन्हें शक्ति (power) नहीं केवल प्रभाव (influence) दिया है और जार्ज वाशिंगटन के शब्दों में प्रभाव का अर्थ शासन नहीं। इसी कारण आर.सी. मजूमदार ने इन सुधारों को कोरी चांदनी (mere moonshine) कहा।

इन सुधारों की सबसे महत्वपूर्ण आलोचना मान्टफोर्ड रिपोर्ट के लेखकों ने दी है–"हमारे मत में मार्ले-मिन्टो सुधार योजना पुराने विचारों का अन्तिम परिणाम है, जिसने भारतीय शासन को परोपकारी निष्ठुर राज्य (benevolent despotism) बनाया जो कभी-कभी अपनी प्रजा की इच्छा जानने की कोशिश कर लेता था। निःसन्देह यह सुधार योजना 1861 में आरम्भ की गई सहयोग की नीति की अन्तिम किश्त थी। यह कहा जाता है कि इस नीति को इस सुधार योजना के अन्तर्गत अधिकतम विस्तृत किया गया, परन्तु यह कार्य भारतीयों को किसी प्रकार का उत्तरदायित्व सौंपे बिना किया गया।"

यह स्वाभाविक ही था कि इन सुधारों से भारतीयों को बड़ी निराशा हुई थी क्योंकि 1906 से भारतीय नेताओं ने स्वशासन की मांग पर बल दिया था। इन सुधारों से भारत में उत्तरदायी शासन की स्थापना के लिये कोई पग नहीं उठाया गया था। इस समय ब्रिटिश सरकार का यह ध्येय नहीं था जैसाकि लार्ड मार्ले ने लार्ड्स सभा में व्यक्त करते हुये स्पष्ट किया था, "यदि यह समझा जाये कि मैं भारत में उत्तरदायी सरकार की स्थापना करना चाहता हूँ अथवा मेरे इन सुधारों का लक्ष्य प्रत्यक्ष रूप में भारत को उत्तरदायी शासन की ओर ले जाना है तो यह भूल होगी। मेरा ऐसा कोई लक्ष्य नहीं है।" श्री राम शर्मा का कथन अधिक उपयुक्त प्रतीत होता है, "मार्ले-मिन्टो सुधारों के अन्तर्गत विधान परिषदों के लिये यह दावा किया गया था कि वे जनता का केवल विधि निर्माण कार्य में ही नहीं अपितु दिन प्रतिदिन के वास्तविक प्रशासन में वास्तविक तथा प्रभावशाली ढंग से सहयोग प्राप्त करेगी। प्रस्तावों का प्रस्तुत करना, पूरक प्रश्न पूछना, वित्तीय विवरण पर वाद-विवाद करना तथा भारतीयों को कार्यकारिणी परिषदों का सदस्य बनाया जाना आदि बातें इस प्रकार के सहयोग के लिये प्रदान किये गये अवसर समझे जाते थे, परन्तु इन सुधारों के स्वभावगत दोषों तथा अन्य दोषों ने जो उनके कार्यान्वित होने पर इनमें आये यह सिद्ध कर दिया कि उन्होंने भारत की राजनैतिक मांगों का न कोई उत्तर दिया है और न वे दे ही सकते थे। उनके व्यावहारिक रूप से यह पता चल गया कि परिषदों को कोई वास्तविक कार्य नहीं करना था। मूलतः अभिप्राय यह था कि सरकारी सदस्यों को प्रस्तावों पर स्वतन्त्रतापूर्वक मत

देने दिया जायेगा, परन्तु सरकारी सदस्यों का समूह सरकारी दल बन गया और कठोर नियन्त्रण में रहा। सरकारी सदस्य न कोई प्रश्न पूछ सकते थे और न कोई प्रस्ताव प्रस्तुत कर सकते थे। भारतीयों की दृष्टि से निर्वाचित सदस्य भी वैसे ही थे जैसे सरकारी सदस्य। जमींदार और मुस्लिम प्रतिनिधि तो परिषद् में साम्राज्य के प्रति की गई सेवाओं के फलस्वरूप थे और अपनी राजभक्ति का अधिक प्रमाण देकर अपने-अपने वर्ग का भविष्य सुधारने के लिये प्रयत्नशील थे। अतः विधान परिषदें शक्तिहीन निकाय बन गये। उनकी बैठकों में तो केवल कार्यपालिका के निश्चयों को रजिस्टर किया जाता था। वाद-विवाद में जीवन का अभाव था और उनकी कार्यवाही अवास्तविक थी।"

इस कारण उदारवादियों और उनके नेता गोखले को, जिन्होंने इस अधिनियम के अन्तर्गत किये गये सुधारों का स्वागत किया था, अन्त में अत्यधिक निराशा हुई। इन सुधारों की असफलता पर गुरूमुख निहाल सिंह ने यह तथ्य प्रकट किये हैं, "केन्द्रीय विधान परिषद् में सरकारी सदस्यों की उपस्थिति एक सैन्य पंक्ति सदृश थी। चीन की प्रसिद्ध दीवाल की भांति यह सरकार तथा असरकारी सदस्यों के मध्य एक स्थायी रूकावट के रूप में कार्य करती रही, जिसके कारण उनके सम्बन्ध कटु बन गये। प्रान्तीय सरकारों के ऊपर केन्द्रीय सरकार के नियंत्रण में ढील नहीं पड़ी और सार्वजनिक सेवाओं में भारतीयों की नियुक्ति के विषय में सरकार की नीति अनुदार बनी रही। इसके अतिरिक्त निर्वाचन पद्धति निराशापूर्ण ढंग से अपर्याप्त थी और विभिन्न समुदायों के प्रति व्यवहार में अन्यायपूर्ण तथा सिद्धान्त में गलत थी।"

इस प्रकार 1909 के सुधारों से भारतीय राजनैतिक प्रश्न का न कोई हल हो सकता था न ही इससे वह निकला। सीमित मताधिकार, अप्रत्यक्ष चुनाव, विधान परिषद् की सीमित शक्तियों ने प्रतिनिधि सरकार को खिचड़ी सा बना दिया। वास्तविक शक्ति सरकार के ही पास रही और परिषदों की शक्ति केवल आलोचना करने तक ही सीमित रही।

इन सुधारों से भारतीय राजनीति में कुछ गम्भीर समस्यायें भी उत्पन्न हुईं। एक ऐसी समस्या मुसलमानों के लिये पृथक मताधिकार तथा निर्वाचन क्षेत्रों की थी। जैसा कि पं. जवाहरलाल नेहरू ने व्यक्त किया था, "इन सुधारों से हमारे चारों ओर राजनैतिक प्रतिरोध (barriers) बन गये जिन्होंने उन्हें शेष भारत से अलग कर दिया जिससे शताब्दियों से आरम्भ हुये एकत्व तथा मिलने की ओर किये गये सभी प्रयासों को पलट दिया गया। आरम्भ में ये प्रतिरोध छोटे-छोटे थे क्योंकि मण्डल छोटे-छोटे थे परन्तु ज्यों-ज्यों मताधिकार मण्डल का समस्त वातावरण विषाक्त हो गया, एक ऐसे रोग की तरह जो समस्त शरीर को ही प्रभावित कर देता है।" उनके राजनैतिक महत्व के लिये मुसलमानों को न केवल

पृथक सामुदायिक प्रतिनिधित्व दिया गया अपितु उनकी साम्राज्य की सेवा के लिये उन्हें अपनी संस्था से कहीं अधिक प्रतिनिधित्व दे दिया गया। यह प्रकरण यहीं समाप्त नहीं हो गया अपितु देश में अन्य धार्मिक ईकाइयाँ इस अन्याय को कैसे सहन कर सकती थीं। उनमें से कुछ ने साम्राज्य की अधिक अच्छी सेवा करने का दावा किया और फिर भी उन्हें विशेष कुछ नहीं मिला था। इस प्रकार सिखों ने अपने अधिकारों के लिये संघर्ष प्रारम्भ कर दिया, अन्त में 1919 में उन्हें भी विशेष प्रतिनिधित्व मिल गया। यह अन्य जातियों के लिये हरी झंडी थी। इस प्रकार हरिजनों, भारतीय ईसाइयों, यूरोपीयों तथा एंग्लो-इण्डियनों को भी 1935 में पृथक प्रतिनिधित्व प्राप्त हो गया। शताब्दियों से बनाई राष्ट्रीय एकता एक ही चोट में समाप्त हो गई। अधिनियम की समीक्षा करते हुये महात्मा गांधी ने भी यही कहा कि मिन्टो-मार्ले सुधारों ने हमारा सर्वनाश कर दिया। के.एम. मुन्शी के अनुसार, 'इन्होंने उभरते हुये प्रजातन्त्र को जान से मार डाला।' 1918 में प्रकाशित हुई भारतीय संवैधानिक सुधारों की समीक्षा में व्यक्त किया गया था, 'यह (पृथक चुनाव मण्डल) इतिहास की शिक्षा के विरुद्ध है। यह धर्मों तथा वर्गों को जीवित रखता है। जिससे ऐसे शिविर अस्तित्व में आते हैं जो एक दूसरे के विरोधी होते हैं और उन्हें एक नागरिक के रूप में सोचने की क्षमता को विनिष्ट कर देते हैं, पक्षपाती बनने को प्रेरित करते हैं। इससे विद्यमान स्थितियों को अपरिवर्तित रहने का अवसर मिला और स्वशासन के सिद्धान्तों के विकास में गतिरोध उत्पन्न हुआ। लार्ड मार्ले का कथन सही था जब उन्होंने लार्ड मिन्टो को लिखा था कि पृथक निर्वाचन मण्डल स्थापित करके 'हम नाग के दांत (dragon's teeth) बो रहे हैं और इसका फल भीषण होगा।'

1909 के सुधारों से जनता के क्षुब्ध होने के महत्वपूर्ण कारण थे। उस समय लोग देश में उत्तरदायी सरकार की स्थापना की मांग कर रहे थे, किन्तु प्राप्त हुआ था 'हितैषी निरंकुशवाद' जिसमें दूरस्थ तथा यदाकदा जागरूक जनतन्त्र स्थित था। जब लार्ड मार्ले ने ब्रिटिश संसद में इस विधेयक को प्रस्तुत किया था तो उसने व्यक्त कर दिया था कि उसकी भारत में संसदीय प्रणाली स्थापित करने की रंचमात्र इच्छा नहीं है। नवजात राष्ट्रवादी तत्वों के लिये इस प्रकार के विचार अत्यधिक उत्तेजनात्मक थे।

सुधारों के क्रियान्वयन में भी अव्यवस्था परिलक्षित हुई। संसदीय प्रणाली तो प्रदान की गई परन्तु उत्तरदायित्व प्रदान नहीं किया गया था जिससे सरकार की विवेकहीन तथा अनुत्तरदायी आलोचना की जाने लगी। भारतीय नेताओं ने विधान मण्डलों को सरकार की कटु आलोचना करने का मंच बना लिया। इस विचार से कि उन्हें उत्तरदायित्व नहीं निभाना पड़ेगा, वे केवल आलोचक तथा और भी अनुत्तरदायी बन गये।

इस अधिनियम के अन्तर्गत जो चुनाव पद्धति प्रचलित की गई थी, वह अस्पष्ट थी। जन प्रतिनिधित्व की प्रणाली एक प्रकार की बहुत-सी छन्नियों में से छानने की क्रिया बन गई। कुछ लोग स्थानीय निकायों का चुनाव करते थे, ये सदस्य, चुनाव मण्डलों का चुनाव करते थे और ये चुनाव मण्डल प्रान्तीय परिषदों के सदस्यों का निर्वाचित करते थे और यही प्रान्तीय परिषदों के सदस्य केन्द्रीय परिषदों के सदस्यों का निर्वाचन करते थे। जैसा कि 1918 की संयुक्त समिति की रिपोर्ट में व्यक्त किया गया था, "जो व्यक्ति प्राथमिक चुनाव में भाग लेता है और जो व्यक्ति विधान मण्डल में बैठता है उन दोनों में कोई भी सम्बन्ध नहीं है और प्राथमिक मतदाता के मत का विधान परिषद् की कार्यवाही पर कोई प्रभाव नहीं है। ऐसी स्थिति, में कोई उत्तरदायित्व नहीं है और न ही मतदाताओं का जो नाममात्र मत डालते हैं। वह कार्य जिससे ऐसा चुनाव मण्डल अस्तित्व में आये जो उत्तरदायी सरकार का बोझ उठा सके वह तो अभी करने को शेष पड़ा है।"

इस प्रकार 1909 के सुधारों से जनता को केवल 'छायामात्र' सुधार ही प्राप्त हुये, वास्तविक रूप में कुछ नहीं, इससे प्रभाव तो मिला परन्तु शक्ति नहीं प्राप्त हुई। इससे शासन का उत्तरदायित्व एक पृथक वर्ग पर आया, जबकि शक्ति एक तीव्रगति से अन्य वर्ग पर लाद दी गई। इससे ऐसी परिस्थितियाँ उत्पन्न हो गईं कि विधान मण्डल तथा कार्यकारिणी के मध्य कटुता बढ़ गई और अंग्रेजी सरकार तथा भारतीय समुदाय के मध्य वैमनस्य में वृद्धि हो गई।

1918 के भारतीय संवैधानिक सुधारों पर रिपोर्ट (Report on Indian Constitutional Reform, 1918) में यह कहा गया था कि 1909 के मार्ले-मिन्टो सुधार इस प्राचीन विचारधारा के फलस्वरूप हैं जिसने भारतीय सरकार को 'हितकारी निरंकुशता' (benevolent despotism) के रूप में परिवर्तित कर दिया जो अपनी प्रजा के सुझाव लेने को उद्यत था। सरकार अभी भी दरबार वाला राजा है परन्तु उसके परामर्शदाता व्याकुल हैं और व्यक्तिगत शासन से पूर्णतया प्रसन्न नहीं हैं। इसलिये प्रशासन बहुत धीमा और भीरू बन गया है। परिषदों में संसदीय व्यवस्था उस सीमा तक लागू कर दी गई है जिससे वह अधिकतम रगड़ (उत्तेजना) उत्पन्न करती है, परन्तु यह उस सीमा से कम है जहाँ उनके पीछे कोई अनुमति होती है और वह कोई लाभप्रद होती है। आजकल हमने भारत में वह प्रणाली प्रारम्भ की है जिसमें न तो प्राचीन पद्धति और न ही नवीन पद्धति के उत्तम तत्व है। लोकप्रिय सरकार का लाभ तो उत्तरदायित्व में ही है और यह लाभ आधुनिक परिषदों में है ही नहीं।

आर. कूपलैण्ड के शब्दों में, "1909 के अधिनियम ने 1861 में प्रारम्भ हुये संवैधानिक विकास को प्रतिनिधि सरकार की दहलीज तक ला दिया। अन्त में 1909 के अधिनियम के सम्पूर्ण दोषों की समीक्षा करने के उपरान्त डॉ. जकारिया (Dr. Jakaria's) के इस मत से सहमत होना पड़ता है कि 1892 के अधिनियम से यह 1909 का अधिनियम, केवल साम्प्रदायिक प्रतिनिधित्व को छोड़कर, एक सुधारवादी पग ही था।"

# 9

# 1919 का भारत सरकार अधिनियम तथा मॉण्टेग्यू-चैम्सफोर्ड सुधार और द्वैध-शासन पद्धति

**1919 के भारत सरकार अधिनियम के पारित होने की पृष्ठभूमि, परिस्थितियाँ तथा घटनायें**—मिन्टो-मार्ले सुधार भारत में संसदीय व्यवस्था लागू करने की भावना से पारित नहीं हुये थे अपितु नौकरशाही की स्थिति को सुदृढ़ करने के लिये पारित किये गये थे, जिससे मुसलमान तथा संयतमार्गी (उदार दल) सरकार से अधिकाधिक सहयोग करे। यह लार्ड मार्ले के उस वक्तव्य से स्पष्ट है जो उन्होंने 23 फरवरी 1909 को लार्ड्स सभा में दिया था। उनका कथन था कि "हमें भारत में तीन प्रकार के लोगों से निबटना है, एक है अतिमार्गी (extremists) जो स्वेच्छा से योजनायें बनाते हैं और एक दिन हमें भारत से निकालने की सोचते हैं। दूसरे हैं संयतमार्गी, यह वर्ग हमसे सहयोग करते हुए स्वायत्ततापूर्ण उपनिवेशवादी सरकार की स्थापना चाहते हैं और तीसरा वर्ग है, जो हमारे प्रशासन में सहयोग देना चाहता है जिससे वह अपने लोगों की आवश्यकताओं का प्रतिनिधित्व कर सके। मैं आशा करता हूँ कि इन सुधारों से हम दूसरे वर्ग के लोगों को तीसरे वर्ग के लोगों की परिधि में ले आयेंगे।" फिर भी वास्तविकता यह रही कि इन सुधारों (1909) से कोई भी वर्ग सन्तुष्ट नहीं हुआ।

भारतीय राष्ट्रीय कांग्रेस इस तथ्य से क्षुब्ध थी कि एक विशेष धर्म के लोगों को अपनी संख्या से कहीं अधिक प्रतिनिधित्व दे दिया गया था। मुस्लिम तथा गैर-मुस्लिम चुनाव मण्डलों में मताधिकारों तथा उम्मीदवारों की योग्यताओं में एक लज्जाजनक तथा द्वेषपूर्ण भेदभाव अपनाया गया था। परिषदों के लिये उम्मीदवारों पर मनमानी और अनुचित अयोग्यतायें तथा प्रतिबन्ध लगा दिये गये थे। शिक्षित वर्ग पर अविश्वास किया गया था। यह सभी ऐसे पहलू थे जिनसे भारतीय राष्ट्रीय कांग्रेस का दृष्टिकोण सरकार के प्रति सन्देहपरक बन गया था।

कुछ आन्तरिक तथा बाह्य कारणों से मुसलमानों में भी असन्तोष परिलक्षित हुआ। मार्च 1913 में मुस्लिम लीग ने अपने उद्देश्य को व्यक्त करते हुए स्पष्ट

किया "भारतीयों में अंग्रेजों के प्रति राजभक्ति को बढ़ाना, मुसलमानों के अधिकारों की रक्षा करना तथा भारत में स्वशासन को प्राप्त करना मुख्य ध्येय है।" परन्तु मुसलमानों तथा अंग्रेजी सरकार के मध्य अलीगढ़ में मुस्लिम विश्वविद्यालय स्थापित करने की शर्तें निर्धारित न हो पाने के कारण मुसलमान वर्ग क्षुब्ध हो गया। 1911 में बंगाल के विभाजन के रद्द हो जाने से मुस्लिम वर्ग और भी अधिक असन्तुष्ट हो गया। विदेश में इटली-टर्की युद्ध (1911-12) में अंग्रेजों का दृष्टिकोण टर्की विरोधी होने से भारतीय मुसलमान अंग्रेज सरकार से अप्रसन्न हो गये। बलकान युद्धों (1912-13) में भी मुस्लिम वर्ग यह समझता रहा कि सभी ईसाई शक्तियां इनके खलीफा (टर्की) के विरुद्ध षड़यन्त्ररत् हैं वे इसे क्रास तथा अर्द्धचन्द्र (Cross and Crescent) के मध्य युद्ध स्वीकार कर रहे थे। इस प्रकार मुसलमानों तथा अंग्रेजों के मध्य वैमनस्य से हिन्दु और मुसलमान एक दूसरे के समीप हो गये। लखनऊ में 1916 में एक वृहत् जनसभा को सम्बोधित करते हुये मुस्लिम नेता मज़रूल हक ने कहा, "कांग्रेस विरोधी मुसलमान अब समाप्त होता जा रहा है और सम्भवतः अब वह पुरातत्वीय संग्रहालयों में ही मिलेगा।" इसी सौहार्द भावना के फलस्वरूप कांग्रेस तथा मुस्लिम लीग के मध्य 1916 का "लखनऊ समझौता" सम्पन्न हुआ। ऐसे ही वातावरण में अतिमार्गी जो मार्ले के शब्दों में अंग्रेजों को भारत से बाहर निकालना चाहते थे, भारत और विदेश में अपना कार्यक्षेत्र विस्तृत करते रहे। पंजाब में 'गदर दल' और बंगाल में 'कामा गाटामारू' काण्ड, दिल्ली में वाइसराय हार्डिंग पर बम फेंकना इत्यादि अतिमार्गियों के कुछ प्रसिद्ध कारनामें थे। मिन्टो-मार्ले सुधारों के प्रति भारत में इतना असन्तोष व्यापक हो गया था कि सरकार को इसे दबाने के लिये दमन नीति अपनानी पड़ी। 1910 का भारत समाचार पत्र अधिनियम, 1911 का विद्रोही सभा एक्ट तथा 1913 का फौजदारी कानून (सुधार) अधिनियम सभी इसी दिशा में किये गये प्रयत्न थे। इसी प्रकार 1915 का भारतीय रक्षा अधिनियम जिससे क्रान्तिकारी अपराधियों पर मुकदमा चलाने के लिये एक सुदृढ़ न्यायिकगण (a strong bench) की नियुक्ति, और जिसमें अपील नहीं हो सकती थी। इसके अतिरिक्त संदिग्ध व्यक्तियों को जेल में बन्द करना, विशेष रूप से घृणित कानून थे।

अगस्त 1914 में यूरोप में महायुद्ध प्रारम्भ होने का तत्कालीन भारत रक्षा पर कोई प्रभाव नहीं हुआ परन्तु भारत, अंग्रेजी साम्राज्य का भाग होने के कारण युद्ध में सम्मिलित कर दिया गया। इस महायुद्ध में भारत ने सैनिक, बारूद और सामान के अतिरिक्त दस करोड़ पौंड का युद्ध भार भी अपने ऊपर ग्रहण किया। महायुद्ध के काल (1914-18) में मित्र राष्ट्रों (इंग्लैण्ड, फ्रांस, सं.रा. अमरीका) ने युद्ध के समर्थन में नैतिक मूल्यों पर बल दिया और आत्मनिर्णय (self-determination) का सिद्धान्त उभर कर सामने आया। इससे भारतीय लोग

अत्यधिक प्रभावित हुये, यदि युद्ध प्रजातन्त्र की रक्षा के लिये है तो भारत को स्वशासन अवश्य प्राप्त होगा। यदि आत्मनिर्णय का सिद्धान्त अरबों तथा तुर्कों पर लागू हो सकता है तो भारत पर भी लागू किया जायेगा। ऐसी परिस्थितियों में सुधारों की एक और किस्त (instalment) आवश्यक थी। इस जन-जागृति का एक और प्रमाण यह था कि भारतीयों ने स्वयं ही संवैधानिक सुधारों की रूप-रेखायें प्रस्तुत कीं और सरकार को उन्हें निरूपण करने को कहा। संवैधानिक सुधारों की भिन्न-भिन्न योजनायें प्रस्तुत करने वाले केन्द्रीय विधान मंडल के 19 सदस्य भी थे। जिनमें मुहम्मद अली जिन्नाह, श्रीनिवास शास्त्री और सुरेन्द्रनाथ बनर्जी ने 1916 में अपने ज्ञापन में व्यक्त किया था, "जिस बात की आवश्यकता है वह केवल अच्छी सरकार अथवा कुशल शासन ही नहीं अपितु ऐसी सरकार चाहिये जो उन्हें स्वीकार हो क्योंकि वह उनके प्रति उत्तरदायी है।"

उपरोक्त पृष्ठभूमि तथा परिस्थितियों में वाइसराय लार्ड चैम्सफोर्ड इस निर्णय पर पहुंचे कि ब्रिटिश भारत को ब्रिटिश साम्राज्य का एक अभिन्न अंग बना देना तथा उसे स्वराज देना ब्रिटिश शासन का मुख्य उद्देश्य तक पहुंचने के लिये क्या निश्चित पग उठाने चाहिये, इस सम्बन्ध में निश्चित रूप से कुछ भी कहना कठिन था। सर आस्टिन चैम्बरलेन जो भारत राज्य सचिव थे किसी निर्धारित सूत्र के सम्बन्ध में स्पष्ट तथा निश्चित नहीं हो पा रहे थे। अन्त में जुलाई 1917 में उनके स्थान पर मांटेग्यू भारत राज्य सचिव बने। वे भारत के महान मित्र थे, भारतीयों की भावनाओं से सहानुभूति रखते थे, वे अपने पद पर एक नये दृष्टिकोण के साथ आसीन हुये। अपने कार्यभार संभालने के पांच सप्ताह के अन्तर्गत ही मांटेग्यू ने 20 अगस्त 1917 को हाऊस ऑफ कामन्स में अंग्रेजी सरकार के उद्देश्य पर एक महत्वपूर्ण घोषणा की।

## मांटेग्यू की 20 अगस्त 1917 की घोषणा (Montagu's Statement of 20th August 1917)

"महामहिम सम्राट की सरकार नीति, जिससे भारत सरकार भी पूर्णतः सहमत है, यह है कि भारतीय शासन के प्रत्येक विभाग में भारतीयों का सम्पर्क उत्तरोत्तर बढ़े तथा उत्तरदायी शासन प्रणाली का धीरे-धीरे विकास हो जिससे अधिकाधिक प्रगति करते हुये स्वशासन प्रणाली भारत में स्थापित हो और यह अंग्रेजी साम्राज्य के अभिन्न अंग के रूप में आगे बढ़े। उन्होंने यह निश्चय कर लिया है कि इस दिशा में एक महत्वपूर्ण पग शीघ्रता से उठाया जाये। मैं इस विषय में यह बता दूं कि यह प्रगति क्रमबद्ध चरणों में ही सम्भव है। ब्रिटिश सरकार और भारत सरकार जिन पर भारत के लोगों की भलाई और अग्रसरण का उत्तरदायित्व है, वे ही समय तथा प्रत्येक उन्नति की मात्रा को निश्चित करेंगे और वह उन लोगों के सहयोग पर निर्भर होगा, जिनको अब सेवा के अवसर मिलेंगे, अथवा जिस

सीमा तक वे उस विश्वास को जो उनकी उत्तरदायित्व की चेतना पर किया जा सकता है, निभायेंगे।"

मॉण्ट-फोर्ड रिपोर्ट के प्रवर्तकों ने इस घोषणा को भारत के इतिहास की प्रसिद्ध विज्ञप्तियों में स्वीकार करते हुये 'एक युग के अन्त तथा नवीन युग के प्रारम्भ' के प्रतीक स्वरूप स्वीकार किया। इसके साथ यह भावना भी व्यक्त की गई थी कि "स्वतन्त्रता ही मनुष्य को स्वतन्त्रता के उपयुक्त बनाती है।" वास्तव में इस घोषणा ने कुछ समय के लिये भारत में तनावपूर्ण वातावरण को शान्त बना दिया। पहली बार 'उत्तरदायी शासन' शब्दों का प्रयोग किया गया। परन्तु भारत में एक ऐसा वर्ग भी था जो इस घोषणा से सन्तुष्ट नहीं हो सका। इस असन्तुष्ट वर्ग का कहना था कि भारत के उद्देश्य की पूर्ति के लिये समय निश्चित नहीं किया गया है। यह भी स्पष्ट नहीं किया गया है कि सुधार कब किस चरण में किये जायेंगे। निश्चय ही यह भारतीयों लोगों का तिरस्कार है कि अंग्रेज ही निर्णय करेंगे कि भारत को क्या और कब मिलना चाहिये।

भारत राज्य सचिव स्वयं नवम्बर 1917 में भारत आकर वाइसराय लार्ड चैम्सफोर्ड, कुछ प्रतिष्ठित असैनिक अधिकारियों तथा भारत के सभी विचारों के नेताओं से वार्ता की। एक समिति भी गठित की गई, जिसमें सर विलियम डयूक, भूपेन्द्रनाथ बसु, चार्ल्स राबर्ट थे; इस समिति ने वाइसराय के साथ मिलकर मांटेग्यू महोदय को सुधारों का मसविदा तैयार करने में योगदान दिया। यह योजना जुलाई 1918 में प्रकाशित हुई जिसको आधार मानकर 1919 का भारत सरकार अधिनियम बनाया गया था।

वास्तव में बहुमत यह था कि घोषणा ने समय तक की मांग पूरी की थी परन्तु सर रेजिनेल्ड क्रैडक की आलोचना में भी बहुत दमखम था, उसकी आलोचना के शब्द थे, "लार्ड कर्जन के 'उत्तरदायित्व पूर्ण शासन' शब्दों के अविवेकी प्रयोग को छोड़कर इस घोषणा में और भी त्रुटियाँ थीं। मांटेग्यू तथा लार्ड चैम्सफोर्ड के यह जांच किये बिना ही कि निकट भविष्य में वास्तविक सुधार किये जा सकते हैं या नहीं, इस घोषणा ने यह सुधार प्रदान करने की सन्तुष्टि दी। इसने इस ओर ध्यान नहीं दिया कि राजा तथा जागीरदार जिनका इसमें उल्लेख तक नहीं था, इसका समर्थन नहीं करेंगे। इसने यह भी कथन नहीं किया कि गम्भीर राजनैतिक प्रगति से पूर्व शिक्षा का प्रचार तथा जातिवादी व धार्मिक मतभेदों का मिटना आवश्यक है। श्री मांटेग्यू ने फैसला पहले देकर जांच बाद में आरम्भ की। खर्चे का हिसाब करने से पहले ही उसने मीनार बनानी शुरू कर दी।" श्री गुरमुख निहाल सिंह का कथन है कि अगस्त घोषणा ने "भारतीय राष्ट्रवादियों के दलों में मतभेद पैदा कर दिया। नरम दल ने इसे 'भारत का मैग्नाकार्टा' मानकर इसका स्वागत किया, दूसरी ओर अतिमार्गियों ने इसे तथ्य

तथा भाव दोनों ही दृष्टि से अपर्याप्त बतलाया। उन्होंने अपनी मांगों के लिये आन्दोलन छेड़ने का निश्चय किया।"

**सुधार के प्रस्ताव** (Proposals for Reforms)–1916 में भारत सरकार ने भारत राज्य सचिव को एक प्रतिवेदन भेजा जिसमें उन्होंने भारतीयों को दी जाने वाली रियायतों के सुझाव दिये थे। इस प्रतिवेदन के सम्बन्ध में जेटलैण्ड ने लिखा, "भारत राज्य सचिव को भेजे गये प्रतिवेदन में भारत सरकार ने स्वशासन के किसी विशेष प्रारूप के सम्बन्ध में वचन-बद्ध न होने की सावधानी दिखाई थी। प्रतिवेदन में लिखा था कि भारत की विशेष परिस्थितियां साम्राज्य के दूसरे भाग की परिस्थितियों से इतनी भिन्न हैं कि ब्रिटिश डोमिनियनों के संविधानों के नमूने पर भारतीय संविधान नहीं बनाया जा सकता। वे केवल यह सोच रहे थे, कि शनैः शनैः भारत के लोगों को अधिकाधिक नियन्त्रण दे दिया जाये जिससे अन्त में एक प्रकार का स्वशासन स्थापित हो जाये जो साम्राज्य के दूसरे भागों के स्वशासन से अनेक दृष्टियों से भिन्न होगा, पर भारत के पुराने इतिहास और विशेष परिस्थितियों तथा उसके विभिन्न लोगों की परम्पराओं का ध्यान रखते हुये बनाया जायेगा। इस उद्देश्य की प्राप्ति में भारत की सहायता करने के लिये उनके प्रस्ताव संक्षेप में इस प्रकार थे कि स्वशासन की वर्तमान, स्थानीय ईकाइयों अर्थात् जिला बोर्डों और उन्हें अधिक प्रतिनिधि स्वरूप दे दिया जाये। प्रशासन के ऊँचे पदों पर भारतीयों की संख्या बढ़ा दी जाये और मतदाताओं तथा चुने जाने वाले सदस्यों की संख्या बढ़ाकर प्रान्तीय विधान मंडलों की वैधानिक शक्तियाँ बढ़ाने का रास्ता बना दिया जायें।"

तत्कालीन भारत राज्य सचिव सर आस्टिन चेम्बरलेन ने इन प्रस्तावों को स्वीकार नहीं किया क्योंकि इनसे, "स्वशासन की दिशा में कोई वास्तविक प्रगति नहीं हो सकती थी और गैर जिम्मेदार आलोचकों की संख्या बढ़ जाने से परेशानी ही हो सकती थी।" उनका यह विचार था कि एक छोटा-सा कमीशन नियुक्त किया जाये जो यह स्पष्ट करे कि विधान-मंडलों को कुछ अधिकार तथा उत्तरदायित्व किस प्रकार सौंपे जायें।

**उन्नीस व्यक्तियों का स्मृति-पत्र** (Memorandum of the Nineteen)–सुधारों के प्रस्ताव से सम्बन्धित भारत सरकार के प्रतिवेदन पर, जो भारत राज्य सचिव को भेजा गया था, शिमला में सितम्बर 1916 की केन्द्रीय विधान मंडल की बैठक में सदस्यों ने अपनी नाराजगी प्रकट की, कि भारत सरकार ने सदस्यों से परामर्श किये बिना अपना मसविदा भारत राज्य सचिव को क्यों भेजा था? अन्ततोगत्वा 19 निर्वाचित सदस्यों ने जिनमें मुहम्मद अली जिन्नाह, सुरेन्द्रनाथ बनर्जी, श्रीनिवास शास्त्री आदि उल्लेखनीय थे, एक स्मृति-पत्र भारत सरकार को

दिया जिसमें उन्होंने यह बतलाया कि किस प्रकार के सुधारों से भारतीयों की आकांक्षाओं की पूर्ति हो सकती है।

स्मृति-पत्र में प्रारम्भ में यह व्यक्त किया गया था कि ब्रिटिश साम्राज्य के अनेक भागों में भारतीयों से जो व्यवहार किया जाता है, उस पर भारतवासी अत्यधिक क्षुब्ध हैं। 1909 के सुधार सर्वथा अपर्याप्त थे क्योंकि वे भारतीयों के हाथों में कोई वास्तविक शक्ति नहीं प्रदान करते थे। उन्होंने यह आशा प्रकट की कि युद्ध के उपरान्त भारत की समस्या पर नये दृष्टिकोण से विचार किया जाये। भारत यह आशा नहीं करता था कि उसने जो सेवा की है उसका उसे कोई पुरस्कार मिलेगा। वह तो ब्रिटिश साम्राज्य में अपना बराबरी का दर्जा चाहता था। समृति-पत्र में लिखा गया था कि भारत "केवल अच्छा शासन नहीं चाहता अपितु ऐसा शासन चाहता है जो जनता को इसलिये स्वीकार हो क्योंकि वह उसके प्रति उत्तरदायी हैं।"

स्मृति-पत्र में किये जाने वाले परिवर्तनों को भी उल्लिखित किया गया था, कि कार्यकारिणी परिषद् में आधे सदस्य भारतीय होने चाहिये। शेष आधे सदस्य इंग्लैण्ड के सार्वजनिक जीवन की शिक्षा प्राप्त लोगों से होने चाहिये जिससे भारत बाह्य संसार के व्यापक दृष्टिकोण और अनुभव का लाभ उठा सके। यह भी व्यक्त किया गया था कि जिस कानूनी उपबन्ध के अनुसार केन्द्रीय कार्यकारिणी परिषद् के तीन सदस्य भारत के सरकारी अफसरों में से होने जरूरी थे उसे हटा दिया जाये। विधान मंडल के निर्वाचित सदस्यों का भारत की कार्यकारिणी परिषद् के सदस्य छांटने में प्रभावी नियन्त्रण रहना चाहिये। भारत में सभी विधान-परिषदों में चुने हुये सदस्यों का अधिक बहुमत होना चाहिये। मताधिकार (franchise) अधिक विस्तृत और सीधा आम जनता को मिलना चाहिये। अल्पसंख्यकों को, चाहे वे हिन्दु हों अथवा मुस्लिम पर्याप्त प्रतिनिधित्व मिलना चाहिये। इम्पीरियल लेजिस्लेटिव कौंसिल की कुल सदस्य संख्या में वृद्धि की जानी चाहिये। बजट धन विधेयकों (Money Bills) के रूप में पारित होने चाहिये। भारत को राजकोष सम्बन्धी स्वायत्तता (Fiscal Autonomy) मिलनी चाहिये। केन्द्रीय और प्रान्तीय विधान मंडलों को क्रमशः केन्द्रीय और प्रान्तीय मामलों पर अधिकार होना चाहिये परन्तु विदेशी और सैन्य विभाग, युद्ध की घोषणा अथवा शान्ति और सन्धि करने का अधिकार भारत सरकार को होना चाहिये। इसके अतिरिक्त सपरिषद् वाइसराय और सपरिषद् गवर्नर को वीटो का अधिकार होना चाहिये। पर इसका प्रयोग कुछ शर्तों और सीमाओं के अधीन ही होना चाहिये। भारत राज्य सचिव की परिषद् समाप्त कर देनी चाहिए। उसका वेतन ब्रिटिश कोष से दिया जाना चाहिये। प्रान्तीय सरकारों को अधिक से अधिक स्वायत्तता (Autonomy) दी जानी चाहिए।

इस स्मृति-पत्र के सम्बन्ध में प्रधान ने लिखा, "यह मेमोरेण्डम बहुत योग्यता और तर्क से लिखा गया था और उस समय भारतीय जनता की जो मांगे थीं, उनका एक महत्वपूर्ण विवरण था।"

## कांग्रेस-लीग योजना (Congress-League Scheme)

प्रसिद्ध कांग्रेस-लीग योजना दिसम्बर 1916 में प्रकाशित की गई थी। इस योजना को कांग्रेस ने 29 दिसम्बर को और मुस्लिम लीग ने 31 दिसम्बर (1916) को स्वीकार किया था। इस योजना की कुछ सिफारिशें भारत सरकार अधिनियम (1919) में सम्मिलित कर ली गई थीं।

कांग्रेस-लीग सुधार योजना के मुख्य प्रावधान थे-

प्रान्तीय विधान परिषदों में 4/5 निर्वाचित तथा 1/5 मनोनीत सदस्य होने चाहिए। बड़े प्रान्तों में परिषदों की सदस्य संख्या 125 से कम नहीं होनी चाहिये। छोटे प्रान्तों में सदस्य सीधे 50-75 के लगभग होने चाहिये। निर्वाचित सदस्य सीधे जनता द्वारा निर्वाचित किये जायें और निर्वाचन का आधार व्यापाक मताधिकार हो। अल्पसंख्यकों के पर्याप्त प्रतिनिधित्व के लिए विशेष (पृथक) निर्वाचन क्षेत्रों की व्यवस्था होनी चाहिये। भारतीय निर्वाचित सदस्यों में विभिन्न प्रान्तों के मुस्लिम प्रतिनिधियों की संख्या इस प्रकार निर्धारित की गई-पंजाब में 1/2, बम्बई में 1/3, संयुक्त प्रान्त में 30 प्रतिशत, बंगाल में 40 प्रतिशत, बिहार में 25 प्रतिशत, मध्य प्रान्त तथा मद्रास में से प्रत्येक में 15 प्रतिशत। इसके साथ ही यह शर्त भी उल्लिखित की गई कि मुसलमान और किसी निर्वाचन क्षेत्र से चुनाव में नहीं खड़े होंगे।

साम्प्रदायिक हितों की रक्षा हेतु यह व्यवस्था की गई कि किसी भी अशासकीय सदस्य द्वारा प्रस्तुत विधेयक जिसका प्रभाव किसी भी सम्प्रदाय पर पड़े, कोई भी कार्यवाही तत्काल रोक दी जाये यदि उससे प्रभावित होने वाले सम्प्रदाय के 1/4 प्रतिनिधि उसका विरोध करें।

परिषद् द्वारा पारित प्रस्ताव कार्यपालिका को स्वीकार करना पड़ेगा जब तक कि सपरिषद् गवर्नर उसे अस्वीकृत न कर दे। परन्तु यदि एक वर्ष के उपरान्त पुनः वही प्रस्ताव परिषद् पारित करे तो कार्यपालिका को उसे क्रियान्वित करना होगा।

प्रान्तीय कार्यपालिकाओं में अध्यक्ष गवर्नर रहे परन्तु सामान्यतः वह भारतीय सिविल सर्विस का सदस्य न हो। प्रान्त की कार्यकारिणी परिषद् प्रान्तीय शासन करेगी।

केन्द्रीय विधान परिषद् के सदस्यों की संख्या 150 होनी चाहिये जिसमें 4/5 निर्वाचित सदस्य होने चाहिए। निर्वाचन के लिए मताधिकार व्यापक होना चाहिए। परिषद् द्वारा पारित विधेयकों पर वाइसराय की अनुमति मिलनी आवश्यक हो तभी वे अधिनियम बन सके। केन्द्रीय विधान परिषद् द्वारा पारित प्रस्ताव कार्यपालिका को स्वीकार करना पड़ेगा जब तक कि सपरिषद् वाइसराय उसे अस्वीकृत न कर दे। परन्तु यदि वह प्रस्ताव एक वर्ष के उपरान्त पुनः परिषद् पारित कर दे तो कार्यपालिका को उसे कार्यान्वित करना होगा। केन्द्रीय विधान परिषद् को भारतीय सरकार के द्वारा निर्देशित सैनिक, वैदेशिक और देशी रियासतों से सम्बन्धित मामलों में हस्तक्षेप करने का अधिकार नहीं होगा।

भारतीय कार्यपालिका (केन्द्रीय कार्यपालिका) का अध्यक्ष वाइसराय होगा। उसकी कार्यकारिणी में आधे सदस्य भारतीय होंगे जिनका निर्वाचन केन्द्रीय विधान परिषद् के सदस्य करेंगे।

भारत राज्य सचिव की परिषद् का अन्त किया जाये और उसका वेतन ब्रिटिश कोष से दिया जाये।

नाविक तथा अन्य सैनिक सेवाओं को कमीशन प्राप्त अधिकारियों सहित भारतीयों के लिये खोल दिया जाये। भारतीयों को नागरिकता के पद और अधिकारों के क्षेत्र में ब्रिटिश ताज के अन्य प्रजाजनों के समान अधिकार प्राप्त हों। भारतीय प्रशासन में कार्यपालिका और न्यायपालिका पृथक-पृथक होनी चाहिए।

इस योजना के महत्व का प्रमुख कारण यह था कि यह भारत के प्रमुख दो दलों के मध्य एक समझौता था। यदि यह योजना स्वीकार कर ली जाती तो देश शीघ्र ही प्रगति की ओर उन्मुख हो जाता। परन्तु इस योजना में कुछ महत्वपूर्ण दोष भी विद्यमान थे। यह तथ्य स्पष्ट है कि कांग्रेस ने इस समझौते के द्वारा साम्प्रदायिक निर्वाचन पद्धति का विरोध किया था, क्योंकि यह प्रणाली अप्रजातन्त्रात्मक एवं अराष्ट्रीय थी। परन्तु कांग्रेस-लीग सुधार योजना के अन्तर्गत कांग्रेस ने मुसलमानों के लिये पृथक चुनाव के सिद्धान्त व जनसंख्या से अधिक प्रतिनिधित्व (Weightage) के सिद्धान्त को माना और साथ में साम्प्रदायिक वीटो का अधिकार भी स्वीकार किया। यह अत्यन्त दुर्भाग्य का विषय रहा कि यद्यपि ब्रिटिश सरकार ने इस योजना द्वारा व्यक्त सुधारों को नहीं अपनाया परन्तु इसका सर्वाधिक दोषपूर्ण अंग अर्थात् साम्प्रदायिक समझौता मांट-फोर्ड सुधार योजना का आधार बना। कूपलैण्ड ने लिखा, ये रियायतें उनसे कहीं अधिक सारमय थीं जिन्हें मार्ले-मिन्टो ने 1909 के सुधारों में मुसलमानों की सहमति प्राप्त हेतु स्वीकार किया था। कांग्रेस और लीग के मध्य हुआ समझौता ब्रिटिश भारत की सीमा में अब तक भारतीय राष्ट्रवाद की सबसे अधिक महत्वपूर्ण अभिव्यक्ति था।

मांट-फोर्ड रिपोर्ट में इस योजना की अस्वीकृति के कारण थे–प्रथम, कार्यपालिकाओं के गठन की व्यवस्था असन्तोषजनक थी।, दूसरे, कार्यपालिका की स्थिति दोषों, खतरों से पूर्ण थी। तीसरे, प्रान्तीय और केन्द्रीय शासन के अध्यक्षों को दिया गया वीटो का अधिकार केवल धोखा मात्र था। इसके अतिरिक्त इस योजना में जनता को राजनीतिक शिक्षा के लिये कोई व्यवस्था नहीं थी। इस योजना के सम्बन्ध में मांटेग्यू ने ब्रिटिश लोकसभा (हाऊस ऑफ कामन्स) में बोलते हुये कहा था, कि यह उत्तरदायी शासन प्राप्त करने का प्रयत्न नहीं करती, परन्तु यह न हटाई जा सकने वाली कार्यपालिका को ऐसी विधान परिषद् की दया पर छोड़ती है जो कार्यपालिका को शक्तिहीन बना दे परन्तु उस पर निर्देशन न कर सके।

इस योजना के कुछ माह पश्चात् अगस्त 1917 में गोखले का राजनैतिक टेस्टामेन्ट प्रकाशित हुआ। यह गोखले की मृत्यु (1915 ई.) के बाद प्रकाशित हुआ था। इसे गोखले ने लार्ड विलिंग्टन के अनुरोध पर तैयार किया था। इसमें संवैधानिक सुधारों की एक योजना का प्रारूप तैयार किया गया था।

**गोखले का राजनैतिक टेस्टामेंट (Gokhale's Political Testament)**– इसमें गोखले ने यह सुझाव प्रकट किये थे–कि प्रान्तीय स्वायत्तता दी जाये, प्रान्तीय क्षेत्र में भारत सरकार का नियन्त्रण कम हो जाये। गवर्नर के मन्त्रिमंडल में 6 सदस्य होने चाहिये जिसमें से तीन भारतीय हों।

इन समस्त विधाओं के उपरान्त भारत राज्य सचिव ने एक समिति गठित की जिसमें सर विलियम ड्यूक, भूपेन्द्रनाथ बसु और अंग्रेजी संसद के सदस्य चार्ल्स राबर्ट थे। इस समिति ने वाइसराय के सहयोग से भारत राज्य सचिव मांटेग्यू को सुधारों की रूपरेखा बनाने में सक्रिय योगदान किया। यही सुधारों की योजना जुलाई 1918 में प्रकाशित की गई और इसी के आधार पर 1919 का भारत सरकार अधिनियम पारित हुआ।

## 1919 के भारत सरकार अधिनियम के मुख्य प्रावधान

1. भारत-सचिव की भारत-परिषद् (INDIA-COUNCIL) के सदस्यों की संख्या 8 से 12 तक निश्चित कर दी गई, जिनमें तीन सदस्यों का भारतीय होना आवश्यक था और शेष सदस्यों में से आधे सदस्यों के लिये यह आवश्यक था कि वे कम से कम दस वर्ष तक भारत में रहे हों। सदस्यों की अवधि पांच वर्ष निर्धारित की गई थी।

2. भारत-सचिव के वेतन की व्यवस्था ब्रिटेन के राजकोष से की जानी थी जो पहले भारतीय राजकोष से दी जाती थी।

3. भारत सम्बन्धी कुछ कार्यों (व्यापार, ब्रिटेन में भारतीयों की शिक्षा) के लिये भारतीय हाई-कमिश्नर (Indian High Commissioner) की नियुक्ति की व्यवस्था की गई।

4. भारत-सचिव के अधिकारों में कमी करते हुये प्रान्त के हस्तांतरित विषयों में कम से कम हस्तक्षेप की सम्भावना का निश्चय किया गया।

5. केन्द्रीय व्यवस्थापिका-सभा को दो सदनों में विभाजित किया गया–

(i) भारतीय विधान सभा जिसमें कुल 144 सदस्य होने थे, इनमें 103 सदस्य निर्वाचित और 41 सदस्य गवर्नर-जनरल द्वारा मनोनीत होने थे।

(ii) भारतीय राज्य परिषद् जिसमें कुल 60 सदस्य होने थे, इनमें 33 सदस्य निर्वाचित व 27 सदस्य गवर्नर-जनरल द्वारा मनोनीत होने थे। गवर्नर-जनरल व्यवस्थापिका सभा के परामर्श की उपेक्षा कर सकता था; केन्द्रीय कार्यकारिणी भी व्यवस्थापिका सभा के प्रति उत्तदायी न थी फिर भी सदस्यों से प्रश्न पूछने, मत देने और प्रस्तावों को आरम्भ करने आदि के अधिकारों में वृद्धि कर दी गई।

6. गवर्नर-जनरल की कार्यकारिणी के सदस्यों की संख्या 8 (आठ) निर्धारित की गई, इनमें से कम से कम दो भारतीय होने आवश्यक थे।

7. प्रान्तीय व्यवस्थापिका सभा के सदस्यों की संख्या भी बढ़ा दी गई, इनमें से सत्तर प्रतिशत सदस्य निर्वाचित तथा तीस प्रतिशत सदस्य गवर्नर द्वारा मनोनीत होने थे; सदस्यों के अधिकारों में वृद्धि की गई परन्तु गवर्नरों को इनके परामर्श की उपेक्षा करने व अध्यादेश (Ordinances) जारी करने का अधिकार दिया गया।

8. गवर्नरों को प्रान्तों में शासन करने सम्बन्धी कुछ दिशा-निर्देश भी प्रदान किये गये।

9. प्रान्तों में द्वैध-शासन की व्यवस्था की गई। इस सम्बन्ध में केन्द्रीय और प्रान्तीय विषयों को पृथक किया गया, तत्पश्चात् प्रान्तीय विषयों को दो भागों में विभाजित किया गया–

(i) सुरक्षित विषय (Reserved Subjects)–इसके अन्तर्गत अर्थ-व्यवस्था, शान्ति-व्यवस्था, पुलिस आदि विषय थे;

(ii) हस्तांतरित विषय (Transferred Subjects)–इसके अन्तर्गत स्थानीय स्वशासन, शिक्षा, कृषि आदि विषय थे;

सुरक्षित विषयों का शासन गवर्नर अपनी परिषद् (Executive Council) के सदस्यों के परामर्श से संचालित करता था तथा हस्तांतरित विषयों का शासन गवर्नर भारतीय मंत्रियों के परामर्श से करता था। ये मंत्री व्यवस्थापिका-सभा के सदस्यों में से लिये जाते थे और ये उसी के प्रति उत्तरदायी भी थे परन्तु नियुक्त करने व पद्च्युत करने का अधिकार गवर्नर को था। प्रान्त में शासन का यह विभाजन 'द्वैध-शासन' (Dyarchy) कहलाया।

10. निर्वाचन पद्धति साम्प्रदायिक आधार पर ही बनी रही तथा इस अधिनियम द्वारा सिखों, एंग्लो-इंडियनों ईसाइयों और यूरोपियनों को भी पृथक प्रतिनिधित्व प्रदान किया गया।

## अधिनियम का क्रियान्वयन

1 अप्रैल, 1921 ई. से द्वैध-शासन बंगाल, मद्रास, बम्बई, उत्तर प्रदेश, पंजाब, बिहार, उड़ीसा, मध्य प्रदेश और असम में आरम्भ हो गया। 1932 ई. में उत्तर-पश्चिमी सीमा प्रान्त के गठन के बाद वहाँ भी द्वैध-शासन क्रियान्वित किया गया। गतिरोध के होते हुये भी इन प्रान्तों में द्वैध-शासन 1 अप्रैल, 1937 ई. तक संचालित रहा। परन्तु द्वैध-शासन प्रणाली न तो सफल रही और न भारतीयों को सन्तुष्टि ही कर सकी। इस प्रणाली के गम्भीर दोष इस प्रकार उजागर हुए–

(i) भारतीय मंत्रियों को धनाभाव बना रहा, इन मंत्रियों को कृषि, शिक्षा, सार्वजनिक सेवा आदि विभागों का दायित्व दिया गया था जहाँ धन की नितान्त आवश्यकता थी परन्तु अर्थ-विभाग सुरक्षित विषय था जो गवर्नर द्वारा मनोनीत सदस्य के पास था, जिससे धन प्राप्त करना अत्यधिक कठिन था; इसलिये मंत्री किसी प्रकार के विकास कार्य संचालित न कर सके।

(ii) भारतीय लोक-सेवा के उच्च पदासीन सदस्यों पर भारतीय मंत्रियों का कोई अधिकार न था। यह पदाधिकारी प्रमुखतः अंग्रेज थे और शासन के विभागों की नीति को निश्चित करते थे; वे भारतीय मंत्रियों की उपेक्षा करते रहते थे, उनके विचारों व नीतियों के सदैव विरोधी रहते थे। ये पदाधिकारी सीधे गवर्नर से मिलने का अधिकार रखते थे; इस प्रकार भारतीय मंत्रियों को अपने अधीनस्थ शासन-अधिकारियों पर कोई नियन्त्रण न था और न कोई प्रभाव था, ऐसी स्थिति में मन्त्री अपनी इच्छा व विवेक से अपने विभाग का कार्य सफलता से संचालित करने में असमर्थ सिद्ध हुये।

(iii) द्वैध-शासन के अन्तर्गत प्रान्तीय शासन को दो भागों में विभाजित किया गया था, जिस पर व्यावहारिक रूप में कार्य करना सम्भव

नहीं था। सुरक्षित विषय कौंसिल के सदस्यों द्वारा निबटाये जाने थे, जो केवल गवर्नर के प्रति उत्तरदायी थे और हस्तांतरित विषय भारतीय मंत्रियों के द्वारा निबटाये जाने थे, जिन्हें प्रान्त की विधान सभा के प्रति उत्तरदायी होना था। इस प्रकार शासन में उत्तरदायित्वविहीन और उत्तरदायित्वपूर्ण स्थिति को एक साथ उत्पन्न कर दिया गया था; यह एक प्रकार से पानी और तेल को मिलाने का प्रयास था, अर्थात् दो ऐसे घोड़ों पर सवारी करने का प्रयास था जो विपरीत दिशाओं में दौड़ रहे थे। ऐसी स्थिति में द्वैध-शासन की विफलता निश्चित थी।

(iv) द्वैध-शासन के अन्तर्गत सुरक्षित व हस्तांतरित विषयों के विभाजन में किसी सिद्धान्त का पालन नहीं किया गया था, इसलिये यह विभाजन गलत व दोषपूर्ण था; इस सम्बन्ध में मद्रास प्रान्त के मंत्री के.वी. रेड्डी का कथन दृश्टव्य है–"मैं जंगलों को छोड़कर विकास मंत्री था; मैं बिना सिंचाई विभाग के कृषि-मंत्री था; मैं बिना फैक्टरी, बॉयलर, बिजली, जलशक्ति, खान, श्रम आदि के जो सभी सुरक्षित विषय थे, उद्योग मंत्री था।" (I was minister for development without forests; I was the minister for agriculture minus irrigation; I was a minister for industries without factories, biolers, electricity and water-power, mines or labour, all of which are reserved subjects.)—K.V. Reddy.

ऐसे गलत विभाजन की स्थिति में शासन में किसी प्रकार के सुधार सम्भव नहीं थे और शासन-संचालन ही दुष्कर था।

(v) भारतीय-मंत्री गवर्नर पर ही निर्भर रहते थे अतः उत्तरदायी शासन की अधिनियम में उल्लेख किया गया था इसलिये द्वैध-शासन घृणास्पद समझा जाने लगा।

(vi) भारतीय-मंत्री सामूहिक उत्तरदायित्व की भावना को भी विकसित न कर सके क्योंकि गवर्नर मंत्रियों का चयन विभिन्न दलों से करता था और गवर्नर मंत्रियों से सामूहिक रीति से कार्य भी न ही कराना चाहता था, जिससे कि गवर्नर की स्थिति सर्वोपरि बनी रहे; इस कारण मंत्री स्वयं एक-दूसरे का विरोध करते थे जिससे मंत्रियों की स्थिति गवर्नर और कौंसिल के समक्ष हास्यापद व निर्बल हो जाती थी।

इन्हीं कारणों से 1919 ई. के भारत सरकार अधिनियम के अन्तर्गत स्थापित द्वैध-शासन नितान्त असफल रहा। एक प्रकार से द्वैध-शासन भारतीयों पर बलात् लादा गया था। भारतीय ऐसे प्रशासन को न सिद्धान्ततः न व्यवहारिक रूप में स्वीकार कर सके। द्वैध-प्रशासन का मूल्यांकन करते हुये प्रो. कूपलैण्ड ने ठीक ही लिखा है–"द्वैध-शासन अपने निर्माताओं के उद्देश्य की पूर्ति करने में असफल रहा। इसने उत्तरदायी शासन की कोई वास्तविक शिक्षा प्रदान नहीं की।" (Dyarchy failed in its primary purpose which its authors intended to serve, it did not provide a real training in responsible government.)—Prof. Coupland.

## भारत सरकार अधिनियम 1919 की मुख्य समीक्षा

प्रमुखतः इस अधिनियम में तीन मुख्य दोष दृष्टिगत हुए–

(i) केन्द्र में आंशिक रूप से भी उत्तरदायी सरकार नहीं थी;

(ii) पृथक मताधिकार को सुदृढ़ किया गया था;

(iii) प्रान्तों में द्वैध-शासन को लागू किया गया था, जिसे कार्यान्वित करना अत्यधिक दुष्कर था।

इन दोषों के होते हुये भी यह अधिनियम, इससे पूर्व की संवैधानिक परिस्थिति से निश्चय ही आगे बढ़ने वाला एक पग था; इस अधिनियम द्वारा मताधिकार में कुछ उदारता दृष्टिगत हुई तथा प्रत्यक्ष चुनाव आरम्भ हुये; इसके अतिरिक्त भारतीयों को एक नवीन यद्यपि सीमित अवसर प्राप्त हुआ जिसमें उनको राजनीतिक प्रशिक्षण मिला तथा वे शासकीय कार्य को समझ सके। यह दुर्भाग्य ही रहा कि इस अधिनियम को सहकारिता से कार्यान्वित करने का प्रयत्न नहीं किया गया; आरम्भ से ही भारतीय राष्ट्रीय कांग्रेस ने इसे 'निराशाजनक तथा असन्तोषप्रद' की संज्ञा दी। यद्यपि संवैधानिक अनुभव उनके लिये लाभप्रद तथा प्रोत्साहन देने वाला रहा था।

# 10

# उत्तरदायी सरकार की ओर बढ़ते कदम (भारत सरकार अधिनियम 1935)

भारतीय राष्ट्रीय कांग्रेस ने 1919 के भारत सरकार अधिनियम द्वारा लागू की गई व्यवस्थाओं को 'अपर्याप्त, असन्तोषजनक तथा निराशापूर्ण' (Inadequate, Unsatisfactory and Disappointing) कहा था; कांग्रेस ने दिसम्बर 1921 ई. में असहयोग आंदोलन प्रारम्भ किया जिसमें केन्द्रीय तथा प्रान्तीय विधान सभाओं का बहिष्कार भी सम्मिलित था; शनैः शनैः इस अधिनियम का विरोध अधिकाधिक दृढ़ व प्रभावी होता गया जिससे ऐसी परिस्थितियां निर्मित होने लगीं जिनसे एक नवीन अधिनियम पारित कर उत्तरदायी शासन की स्थापना का प्रयत्न किया जाने लगा।

## अधिनियम 1935 के पारित होने की परिस्थितियाँ

**साइमन कमीशन की नियुक्ति**–भारतीय राष्ट्रीय कांग्रेस ने 1919 के अधिनियम का विरोध अधिक दृढ़ता से प्रारम्भ किया; उदारवादी दल (Moderates) जो सरकार को सहयोग करता रहा था, उसने भी इस अधिनियम (मांट-फोर्ड सुधारों) को असन्तोष बढ़ाने वाला घोषित करने लगा। भारतीय राष्ट्रीय कांग्रेस के कुछ प्रमुख नेताओं ने (मोतीलाल नेहरू, सी.आर. दास) ने 'स्वराज दल' की स्थापना कर विधान मण्डलों में प्रवेश करके इन सुधारों को व्यर्थ करना था। 1923 ई. के निर्वाचनों में इस दल को बंगाल व मध्य प्रान्त में बहुमत प्राप्त हुआ तथा कुछ अन्य प्रान्तों में यह सबसे बड़े दल के रूप में उभरा और अपने राजनैतिक कौशल से उन्होंने सरकार के इन सुधारों (1919 के अधिनियम) को निष्फल घोषित कर जन-मानस को विरोध के लिये आंदोलित किया। इस बढ़ते विरोध के कारण ब्रिटिश सरकार ने नवम्बर 1927 ई. में एक आयोग सर साइमन (Sir Simon) की अध्यक्षता में, इस अधिनियम (1919 का भारत सरकार अधिनियम) की समीक्षा के लिये नियुक्त कर दिया और इस प्रकार यह स्वीकार कर लिया कि 1919 के सुधार (मांट-फोर्ड सुधार) असफल रहे हैं।

साइमन आयोग का प्रतिवेदन 1930 ई. में प्रकाशित हुआ, जिसमें यह सुझाव दिये गये थे–

(i) प्रान्तीय क्षेत्र में विधि तथा व्यवस्था (Law and Order) सहित सभी क्षेत्रों में उत्तरदायी सरकार गठित की जाये।

(ii) केन्द्र में उत्तरदायी सरकार के गठन का अभी समय नहीं है।

(iii) केन्द्रीय विधान मण्डल को पुनर्गठित किया जाये, जिसमें एक इकाई की भावना की अपेक्षा संघीय भावना हो और इसके सदस्य परोक्ष पद्धति से प्रान्तीय विधान मण्डलों द्वारा निर्वाचित हों।

नेहरू रिपोर्ट व लार्ड इरविन की डोमिनियन स्टेट्स के विषय में घोषणा तथा गोलमेज कान्फ्रेन्सेज–साइमन आयोग के बहिष्कार के साथ ही सभी भारतीय राजनीतिक दलों ने सर्वदलीय कान्फ्रेन्स (All Parties Conference) आयोजित की; पण्डित मोतीलाल नेहरू की अध्यक्षता में नियुक्त एक कमेटी ने भारतीय संविधान का सर्वसम्मत प्रारूप प्रस्तुत किया। इसमें यह परामर्श दिया गया था कि शरारत भरी साम्प्रदायिक चुनाव पद्धति का परित्याग कर दिया जाये तथा उसके स्थान पर अल्पसंख्यकों के लिये उनकी जनसंख्या के आधार पर स्थान आरक्षित कर दिये जायें। नेहरू रिपोर्ट में समस्त भारत के लिये एक इकाई वाला संविधान प्रस्तुत करने का तथ्य निहित था जिसके द्वारा भारत को केन्द्र तथा प्रान्तों में पूर्ण प्रादेशिक स्वायत्तता (Dominion Status) प्राप्त हो। मुस्लिम लीग ने मुहम्मद अली जिन्ना द्वारा प्रस्तुत 14 सूत्रों (Fourteen Points) में अपने आरक्षण प्रस्तुत किये। अक्तूबर 1929 में वाइसराय लार्ड इरविन ने ब्रिटिश सरकार के निर्देशानुसार यह घोषणा की कि भारत की उन्नति का अन्तिम चरण 'डोमिनियन स्टेट्स' प्राप्त करना है। घोषणा में यह भी निहित था कि साइमन आयोग की रिपोर्ट पर समीक्षा करने हेतु इंग्लैण्ड में एक गोलमेज कान्फ्रेन्स आयोजित की जायेगी जिसमें ब्रिटिश सरकार, भारतीय ब्रिटिश प्रान्त व भारतीय रियासतों के प्रतिनिधि भाग लेंगे।

गोलमेज कान्फ्रेन्स के अधिवेशन लन्दन में 1930–1931–1932 में आयोजित हुये। भारतीय राष्ट्रीय कांग्रेस जिसने सविनय अवज्ञा आंदोलन आरम्भ किया हुआ था, की ओर से केवल दूसरे अधिवेशन में महात्मा गांधी को अपना प्रतिनिधि बनाकर भेजा था। इस कान्फ्रेन्स में मुख्यतः तीन मुद्दों पर सहमति बनी, ये मुद्दे थे–

(i) भारत की नवीन सरकार का रूप अखिल भारतीय संघ होना चाहिये।

(ii) संघीय सरकार, कुछ आरक्षणों के साथ, संघीय विधान मण्डलों के प्रति उत्तरदायी हो।

(iii) यदि भारतीय प्रतिनिधि साम्प्रदायिक संकट को न हल कर सकें तो प्रान्तों को प्रान्तीय स्वशासन (Provincial Autonomy) प्राप्त हो।

गोलमेज कान्फ्रेन्स में स्पष्ट हो गया कि ब्रिटिश सरकार पृथक निर्वाचन मण्डलों को बनाये रखने के पक्ष में है। तत्पश्चात् ब्रिटिश प्रधानमंत्री रेम्जे मैक्डोनल्ड ने 1932 में साम्प्रदायिक निर्णय (Communal Award) की घोषणा की, जिसके अनुसार प्रान्तीय तथा केन्द्रीय विधान मंडलों में सीटों का विभाजन साम्प्रदायिक अनुपात से करने का प्रयत्न किया गया था तथा अनुसूचित जातियों (Scheduled Castes) को भी भिन्न साम्प्रदायिक मानकर आरक्षित स्थानों की व्यवस्था की गई थी। महात्मा गांधी ने अनुसूचित जातियों को भिन्न साम्प्रदायिक मानने के विरोध में मरणव्रत रखा अन्ततः पूना समझौता (Poona Pact) में इस साम्प्रदायिक निर्णय में आंशिक परिवर्तन सम्भव हुआ; डॉ. अम्बेडकर व अन्य हिन्दु नेताओं के प्रयत्नों से सवर्ण हिन्दुओं और अस्पृश्य जातियों के लोगों में एक समझौते के द्वारा व्यवस्थापिका-सभाओं में अनुसूचित जातियों के स्थान हिन्दुओं के अन्तर्गत ही सुरक्षित रखे गये। तत्पश्चात् ब्रिटिश सरकार ने 'भारत सरकार 1935 के अधिनियम' की घोषणा की। इस अधिनियम के लिये निम्न प्रपत्रों, प्रतिवेदनों व प्रारूपों की सहायता ली गई थी–

(i) साइमन आयोग प्रतिवेदन

(ii) नेहरू रिपोर्ट

(iii) तीनों गोलमेज कान्फ्रेन्सों में हुये वाद-विवाद

(iv) श्वेत पत्र (White Paper)

(v) संयुक्त प्रवर समिति रिपोर्ट

(vi) लोथियां रिपोर्ट (Lothian Report) [इसमें चुनाव सम्बन्धी प्रावधानों का विवरण था।]

## भारत सरकार अधिनियम 1935 के प्रावधान

यह अधिनियम एक बहुत विस्तृत लेख माना जाता है तथा उलझे हुए संघीय संविधान के विषय में है, मुख्य प्रावधान रहे–

(i) एक अखिल भारतीय संघ की स्थापना की जायेगी जिसमें ब्रिटिश भारत के प्रान्तों तथा देशी रियासतों को सम्मिलित किया जायेगा।

(ii) प्रान्तों को स्वशासन का अधिकार प्रदान किया गया, शासन के सम्पूर्ण विषयों को तीन भागों में विभाजित किया गया–

1. संघीय विषय, जो केन्द्र के अधीन थे;

2. प्रान्तीय विषय, जो पूर्णतः प्रान्तों के अधीन थे;

3. समवर्ती विषय, जो केन्द्र व प्रान्त के अधीन थे;

प्रान्तीय विषयों में प्रान्तों को स्वशासन का अधिकार प्राप्त था तथा प्रान्तों में उत्तरदायी शासन की स्थापना होनी थी; गवर्नर व्यवस्थापिका सभा के प्रति उत्तरदायी भारतीय मंत्रियों के परामर्श से कार्य करेंगे, ऐसी व्यवस्था इस अधिनियम में निहित थी।

(iii) केन्द्र अर्थात् संघ सरकार के लिये द्वैध-शासन (Dual Government) की व्यवस्था निहित थी जैसाकि 1919 के अधिनियम में प्रान्तों में स्थापित किया गया था।

(iv) एक संघीय न्यायालय (Federal Court) की स्थापना की गयी थी।

(v) एक केन्द्रीय बैंक (Reserve Bank of India) की स्थापना होनी थी।

(vi) अधिनियम के अन्तर्गत बर्मा व अदन को भारत के शासन से पृथक कर दिया गया।

(vii) सिन्ध व उड़ीसा के प्रान्तों का गठन किया गया व उत्तर-पश्चिमी सीमा प्रान्त में गवर्नर की व्यवस्था हुई।

(viii) गवर्नर जनरल और गवर्नरों को कुछ विशेष दायित्व (Special Responsibilities) जैसे भारत में अंग्रेजी राज की सुरक्षा, शान्ति, ब्रिटिश सम्राट व देशी नरेशों के सम्मान की रक्षा व सुरक्षा।

(ix) निर्वाचन में साम्प्रदायिक प्रणाली ही अपनायी गयी; मत देने की योग्यता में कमी कर दी गई फलस्वरूप मतदाताओं की संख्या में वृद्धि हुई और वह 13 प्रतिशत हो गई पहले केवल 3 प्रतिशत ही थी।

### संघीय ढांचा (The Federal Structure)

1935 के अधिनियम के अनुसार प्रस्तावित संघ में भारतीय प्रान्तों व मुख्य आयुक्त के प्रान्तों का सम्मिलित होना अनिवार्य था परन्तु भारतीय रियासतों का सम्मिलित होना वैकल्पिक था। प्रावधानों में निहित था कि संघ उस समय तक अस्तित्व में नहीं आ सकता था जब तक कि रियासती प्रतिनिधियों में न्यूनतम आधे प्रतिनिधि चुनने वाली रियासतें सम्मिलित न हों और रियासतों की जनसंख्या में से आधी जनसंख्या वाली रियासतें संघ में सम्मिलित न हों। जिन शर्तों पर ये रियासतें सम्मिलित होनी थी वे भी सब सम्मिलित पत्र (Instrument of Accession) में लिख दी जानी थी परन्तु यह नहीं हो सका अतः संघ गठित न हो पाया।

**संघीय कार्यकारिणी**—संघीय विषयों में रक्षा, वैदेशिक सम्बन्ध, धार्मिक मामले तथा जन-जातीय क्षेत्र गवर्नर-जनरल के हाथ में निहित थे, इन विषयों का प्रशासन उसे अधिकाधिक तीन कार्यकारिणी पार्षदों की सहायता से संचालित करना था। इन पार्षदों को उसी को मनोनीत करना था और वे केवल उसी के प्रति उत्तरदायी थे। शेष संघीय विभाग अधिकाधिक 10 मंत्रियों की सहायता से संचालित होना था। मंत्री संघीय विधान मण्डल के प्रति उत्तरदायी थे।

**गवर्नर-जनरल की स्थिति व शक्तियां तथा संघीय व्यवस्था**—केन्द्र में गवर्नर-जनरल की स्थिति प्रमुख थी, वही दिशा-निर्देशक व नीति-नियामक था। मंत्रियों से परामर्श करते हुये भी वह व्यक्तिगत निर्णय से कार्य करने की शक्ति रखता था। कुछ विषयों (रक्षा, वैदेशिक मामलात, धार्मिक मामलात, जन-जातीय मामले आदि) में वह बिना पूछे-परामर्श किये अपने विवेकाधीन शक्ति से कार्य कर सकता था। मंत्रियों को उसी की इच्छा से अपने पद पर बना रहना था।

भारत सरकार 1935 के अधिनियम के अनुसार संघीय विधान मण्डल द्विसदनीय होना था—राज्य परिषद् (Council of States) और संघीय सभा (Federal Assembly)। राज्य परिषद् एक स्थायी सभा थी और उसके 1/3 सदस्य प्रत्येक तीन वर्ष के पश्चात् चुने जाते थे। इस सभा के सदस्यों की संख्या 260 निर्धारित थी जिनमें से 156 प्रान्तों के चुने हुये प्रतिनिधि और 104 रियासतों के प्रतिनिधि होने थे जिन्हें सम्बद्ध राजाओं द्वारा मनोनीत किया जाना था। 'संघीय सभा' की अवधि पांच वर्ष थी, इस सभा के सदस्यों की संख्या 375 थी, जिनमें 250 सदस्य प्रान्तों से तथा 125 सदस्य रियासतों द्वारा चुने जाने थे और रियासतों के सदस्य राजाओं द्वारा मनोनीत किये जाने थे।

शासन के विषय तीन भागों में विभाजित किये गये थे—केन्द्रीय सूची के विषय, प्रान्तीय सूची के विषय और संयुक्त सूची (Concurrent List) के विषय। केन्द्र, केन्द्रीय विषयों पर समस्त भारत के लिये कानून बना सकता था और प्रान्त, प्रान्तीय विषयों पर कानून बना सकता था। अवशिष्ट (Residuary) विधान शक्तियां गवर्नर-जनरल में केन्द्रित थीं। प्रत्येक क्षेत्र व प्रत्येक दिशा में गवर्नर-जनरल अपने विशेषाधिकार का प्रयोग कर सकता था।

## प्रान्तीय स्वायत्तता (Provincial Autonomy)

प्रान्तीय कार्यकारिणी में प्रान्तों को स्वायत्तता प्रदान की गई थी परन्तु वास्तविकता में समस्त कार्यकारी (Executive) शक्तियाँ गवर्नर में निहित थीं। प्रान्त का समस्त शासन-कार्य गवर्नर को चुने हुये सदस्यों में से बनाये गये मंत्रिमण्डल की सलाह से संचालित करना था। मंत्रिमण्डल गवर्नर की इच्छा से ही बना रह सकता था। गवर्नर भी गवर्नर-जनरल की भांति मंत्रियों के परामर्श

से कार्य करता था परन्तु कुछ विषयों में (विशेषकर शान्ति-सुरक्षा आदि) में वह भी अपनी विवेकाधीन शक्तियों का प्रयोग कर सकता था तथा मंत्रियों के परामर्श की उपेक्षा कर सकता था। गवर्नर के पास बहुत-सी शक्तियाँ केन्द्रित थी, उसमें बजट का लगभग 40 प्रतिशत जो कि अमतापेक्षी (Nonvotable) भाग था, उस पर नियन्त्रण और बहुत से कानून बनाने की शक्ति निहित थी। गवर्नर मंत्रियों को पदच्युत कर सकता था। गवर्नर को यदि यह विश्वास हो जाये कि मंत्रिमण्डल प्रान्त का प्रशासन कुशलता से संचालित नहीं कर पा रहा है तो वह प्रान्त का शासन पूर्णतया स्वयं संचालित कर सकता था। इस प्रकार गवर्नर और गवर्नर-जनरल की विवेकाधीन शक्तियाँ और उनके विशेष उत्तरदायित्व ऐसे थे कि जिनसे उत्तरदायी सरकार तो केवल नाम-मात्र को ही थी। फिर भी यह मानना न्यायसंगत नहीं है कि प्रान्तीय स्वायत्तता कोरी बकवास थी; कीथ (Keith) ने लिखा है कि "इन सब व्यवस्थाओं का उद्देश्य उसे प्रभावशाली बनाना नहीं था।" लार्ड जेटलैण्ड (Lord Zetland) ने लिखा है कि "यह नहीं समझना चाहिये कि सरकार को दो भागों में विभाजित किया गया है तथा गवर्नर और मंत्री दोनों एक-दूसरे से पृथक हैं; नवीन विधान का तात्पर्य यह है कि ज्यों ही मंत्रिमंडल शपथ ग्रहण कर लेता है, शासन का उत्तरदायित्व और उपक्रम (Initiative) मंत्रिमंडल पर आ जाता है।" संयुक्त प्रान्त के गवर्नर सर मॉरिस हेलेट (Sir Morris Halectt) ने ठीक ही कहा था, "मंत्रियों व गवर्नर के सम्बन्ध एक सेवक और स्वामी के नहीं हैं; वास्तव में वह एक संयुक्त प्रयत्न, प्रान्त के अच्छे शासन में साझेदार हैं।" निस्सन्देह इस अधिनियम के अनुसार मंत्रियों की स्थिति 1919 के अधिनियम से अधिक अच्छी थी। प्रान्तों में कोई आरक्षित विभाग नहीं थे; मंत्रियों की नियुक्ति मुख्यमंत्री के परामर्श पर ही होती थी और उसे विधान सभा का विश्वास प्राप्त होता था। गवर्नर को यह दृष्टिगत करना होता था कि अल्पसंख्यकों को भी प्रतिनिधित्व प्राप्त हो।

प्रान्तीय विधान मण्डलों का आकार तथा रचना भिन्न-भिन्न प्रान्तों में भिन्न-भिन्न थी। कुछ प्रान्तों में द्विसदनीय व्यवस्था भी थी। उच्च सदन 'विधान परिषद्' कहलाता था, उसमें कुछ सदस्य गवर्नर द्वारा मनोनीत होते थे। 'विधान-सभाओं' में स्थानों की संख्या इस प्रकार निर्धारित थी–

| प्रान्त | विधान सभा में सदस्य संख्या |
|---|---|
| 1. आसाम | 108 |
| 2. उत्तर-पश्चिमी सीमा प्रान्त | 50 |
| 3. उड़ीसा | 60 |
| 4. सिन्ध | 60 |

| | |
|---|---|
| 5. मध्य प्रान्त | 112 |
| 6. बिहार | 152 |
| 7. पंजाब | 175 |
| 8. बम्बई | 175 |
| 9. मद्रास | 215 |
| 10. संयुक्त प्रान्त | 228 |
| 11. बंगाल | 250 |

1935 के अधिनियम के अनुसार साम्प्रदायिक तथा अन्य वर्गों को पृथक प्रतिनिधित्व दिया गया था; अधिनियम के मतदाता मंडल 'साम्प्रदायिक निर्णय' (COMMUNAL AWARD) तथा 'पूना समझौते' के अनुसार नियत हुये थे। इस प्रकार साधारण (GENERAL) मुस्लिम, यूरोपीय, ऐंग्लो-इंडियन, भारतीय ईसाई और सिख मतदाता मंडल स्थापित किये गये थे। जहां इन अल्पसंख्यकों के लिये स्थान नहीं थे अथवा वे पृथक निर्वाचन क्षेत्र के मतदाता नहीं थे उन्हें साधारण निर्वाचन क्षेत्र में मत देने का अधिकार था। साधारण स्थानों में से कुछ स्थान अनुसूचित जातियों के लिये आरक्षित थे। इसके लिये यह व्यवस्था थी कि अनुसूचित जातियों के मतदाता चार प्रत्याशियों का निर्वाचन करते थे और फिर वे चारों प्रत्याशी साधारण निर्वाचन क्षेत्र से खड़े होते थे और साधारण तथा अनुसूचित मतदाता मिलकर उनमें किसी एक का निर्वाचन करते थे। आसाम को छोड़कर शेष प्रान्तों में भिन्न-भिन्न जातियों के लिये भी स्थान नियत थे; इसके अतिरिक्त श्रमिकों, भूमिपतियों और वाणिज्य तथा उद्योगपतियों के लिये भी पृथक साम्प्रदायिक निर्वाचन क्षेत्रों तथा अंग्रेजों ने साम्प्रदायिक भावना को विकसित किया अन्ततः विघटनकारी शक्तियों ने देश का विभाजन कर समाज को विषाक्त बना डाला।

### अधिनियम का क्रियान्वयन तथा प्रान्तीय स्वायत्तता का चलन (The Act in Operation: The Working of Provincial Autonomy)

भारत सरकार अधिनियम 1935 को अगस्त 1935 में पारित किया गया, साथ ही ब्रिटिश सरकार ने घोषणा की कि संघ को कार्यान्वित करके प्रान्तीय स्वायत्तता (Provincial Autonomy) को 1 अप्रैल, 1937 को लागू कर दिया जायेगा। इस प्रकार संघ अस्तित्व में नहीं आया। निर्वाचन की कार्यविधि 3 जुलाई, 1936 को प्रारम्भ हो गई तथा 1 अप्रैल, 1937 ई. को प्रान्तीय स्वायत्तता लागू कर दी गई।

ब्रिटिश सरकार ने यह भी घोषणा की कि संघ की स्थापना तक केन्द्रीय सरकार को 1935 के अधिनियम की नवीं सूची के 'संक्रमणकालीन प्रावधानों' (Transitional Provisions) के अनुसार कार्य करना था। गृह सरकार में भारत परिषद् के स्थान पर परामर्शदाता नियुक्त कर दिया गया था; यह अधिनियम 14 अगस्त, 1947 तक क्रियान्वित रहा।

1936-37 के प्रथम चुनावों में भारतीय राष्ट्रीय कांग्रेस को पांच प्रान्तों (मद्रास, मध्य प्रान्त, बिहार, उड़ीसा तथा संयुक्त प्रान्त) में पूर्ण बहुमत प्राप्त हो गया। बम्बई में अपने समर्थक दलों के साथ भारतीय राष्ट्रीय कांग्रेस पूर्ण बहुमत को प्राप्त हो गयी; उत्तर-पश्चिमी सीमा प्रान्त और आसाम में भारतीय राष्ट्रीय कांग्रेस सबसे बड़े दल के रूप में उभरी। भारतीय राष्ट्रीय कांग्रेस ने इन प्रान्तों में मंत्रिमंडल के गठन हेतु ब्रिटिश सरकार से यह आश्वासन मांगा कि गवर्नर दैनिक कार्य में हस्तक्षेप न करे; यह आश्वासन लगभग तीन माह बाद तत्कालीन वायसराय लार्ड लिनलिथगो ने दिया तब पंजाब, बंगाल, सिन्ध और आसाम को छोड़कर शेष 7 प्रान्तों में भारतीय राष्ट्रीय कांग्रेस ने सरकारें गठित कीं। अनेक गतिरोधों के बावजूद ये सरकारें सफलतापूर्वक कार्य करती रहीं और उनकी सर्वाधिक महत्वपूर्ण उपलब्धि रही कि मंत्री लोग अपने आपको जनता का सेवक मानते थे और उन्होंने राष्ट्र-निर्माण के कार्यों पर अधिक बल दिया। मुस्लिम लीग ने इस दौर में यह प्रचारित किया कि मुसलमानों के हित कांग्रेस के शासन में सुरक्षित नहीं है। अन्ततः अक्तूबर 1939 में कांग्रेस मंत्रिमंडलों ने, ब्रिटिश सरकार द्वारा भारत को बिना मंत्रिमंडल के परामर्श के द्वितीय विश्व युद्ध में सम्मिलित करने से क्षुब्ध होकर त्याग-पत्र दे दिये। कांग्रेस मंत्रिमंडलों के त्याग-पत्र देने पर बम्बई, मद्रास, संयुक्त प्रान्त, बिहार और मध्य प्रान्त में प्रशासन गवर्नरों ने संचालित किया और वे 1946 तक शासन करते रहे, इन प्रान्तों में कोई उत्तरदायी सरकार न थी। उत्तर-पश्चिमी सीमा प्रान्त में मुस्लिम लीग मंत्रिमंडल स्थापित किया गया परन्तु 1945 में पुनः कांग्रेस ने मंत्रिमंडल स्थापित कर लिया। उड़ीसा में एक संयुक्त मंत्रिमंडल बनाया गया था; आसाम में मुस्लिम लीग ने मंत्रिमंडल गठित किया था परन्तु 1946 में कांग्रेस का मंत्रिमंडल गठित हो गया। सिन्ध व बंगाल में मुस्लिम लीग के मंत्रिमंडल स्थापित रहे; पंजाब में संघीय दल (Union Party) का मंत्रिमंडल शासन संचालित करता रहा था।

## भारत सरकार अधिनियम 1935 का मूल्यांकन

भारत सरकार अधिनियम 1935 के अनुसार संघ गठित न हो सका और केन्द्रीय सरकार 1919 के अधिनियम के अनुसार संचालित रही। संघीय बैंक 1935 में तथा संघीय न्यायालय 1937 में स्थापित कर दिये गये थे। प्रान्तीय स्वायत्तता पहली अप्रैल 1937 से प्रारम्भ कर दी गई थी। यह निरंकुश और

उत्तरदायी सरकार की खिचड़ी भारतीय जनता की आकांक्षाओं के अनुरूप नहीं थी; वास्तविकता यह थी कि ब्रिटिश साम्राज्यवाद भारत पर अपना नियन्त्रण शिथिल करने के लिये उद्यत नहीं था। अपितु उसने अपनी स्थिति को सुदृढ़ करने के लिये साम्प्रदायिक तथा प्रतिक्रियावादी तत्वों को प्रोत्साहित किया था; इस अधिनियम व इसकी व्यवस्थाओं में अगर-मगर इतने थे कि पं. जवाहरलाल नेहरू ने इसे "अनेक ब्रेकों वाली परन्तु इंजन रहित" मशीन की संज्ञा दी थी। मुहम्मद अली जिन्नाह ने इसे "पूर्णतया सड़ा हुआ मूल रूप से बुरा और बिल्कुल अस्वीकृत" बतलाया था। चक्रवर्ती राजगोपालाचारी ने इसे "द्वैध-शासन प्रणाली से भी बुरा" कहा था। पंडित मदन मोहन मालवीय ने इसे बाह्य रूप से कुछ जनतंत्रवादी परन्तु अन्दर से पूर्णतया खोखला कहा था। भारतीय राष्ट्रीय कांग्रेस ने इसे पूर्णतः रद्द कर दिया था; तत्कालीन भारतीय राष्ट्रीय कांग्रेस के अध्यक्ष पं. जवाहरलाल नेहरू ने इसे "अनैच्छिक, अप्रजातंत्रीय और अराष्ट्रवादी" कहा था।

# 11

# शक्ति का हस्तांतरण : 1947 का भारतीय स्वतन्त्रता अधिनियम

द्वितीय विश्व युद्ध के दौरान जून 1940 ई. में अंग्रेजों की स्थिति दयनीय हो गई, उनकी सर्वत्र पराजय हो रही थी। अतः भारतीयों का अधिकाधिक सहयोग प्राप्त करने के उद्देश्य से ब्रिटिश सरकार की ओर से वाइसराय लार्ड लिनलिथगो ने अगस्त 1940 में एक प्रस्ताव रखा, जिसमें व्यक्त किया गया था–

**अगस्त (1940) प्रस्ताव के प्रावधान**

(i) राजनीतिक दलों के बीच मतभेदों के होते हुए भी वायसराय की कार्यकारिणी का विस्तार और एक 'युद्ध परामर्शदात्री परिषद्' (War Advisory Council) के गठन करने में और विलम्ब नहीं किया जा सकता।

(ii) सरकार अल्पसंख्यकों को पूर्ण महत्व प्रदान करने का आश्वासन देती है।

(iii) अपने उत्तरदायित्वों को निभाते हुए (रक्षा, अल्पसंख्यकों के अधिकार, रियासतों से सन्धियां और अखिल भारतीय सेवायें इत्यादि के प्रश्नों को ध्यान में रखते हुए) अंग्रेजी सरकार इस विचार से सहमत है कि नया संविधान बनाना मुख्यतः भारतीयों का अपना उत्तरदायित्व है और वह भारतीय जीवन की सामाजिक, आर्थिक और राजनीतिक धारणाओं पर निर्भर होगा।

(iv) युद्ध के समाप्त होने पर ब्रिटिश सरकार यह व्यवस्था करेगी जिसमें भारतीय राजनीतिक जीवन के मुख्य तत्वों के प्रतिनिधि नये संविधान की रूपरेखा तैयार करें।

(v) इस बीच ब्रिटिश सरकार यह आशा करती है कि भारत के भिन्न-भिन्न सम्प्रदाय तथा वर्ग भारत को राष्ट्रमंडल के पूर्ण और

बराबर सदस्य बनने में हमसे सहयोग करेंगे अर्थात् युद्ध में पूर्णरूपेण सहायता करेंगे।

निसन्देह अगस्त प्रस्ताव (1940) की घोषणा एक बहुत महत्वपूर्ण प्रगति थी क्योंकि इसमें स्पष्ट व्यक्त किया गया था कि भारत का संविधान बनाना भारतीयों का अपना अधिकार है; साथ ही स्पष्ट प्रादेशिक स्वशासन (Dominion Status) का वचन दिया गया था।

भारतीय राष्ट्रीय कांग्रेस ने यह प्रस्ताव अस्वीकृत कर दिया; जवाहरलाल नेहरू ने प्रादेशिक स्वशासन (Dominion Status) की धारणा को ठुकरा दिया था; परन्तु मुस्लिम लीग ने इस घोषणा का वह भाग जिसमें यह आश्वासन दिया गया था कि "भावी संविधान उनकी अनुमति से ही बनेगा" उसका स्वागत किया। मुस्लिम लीग ने इस अवसर पर यह भी स्पष्ट किया कि भारत का विभाजन ही इस समस्या का हल है।

अन्ततः यह प्रस्ताव निष्फल रहा; भारत राज्य सचिव एल.एस. एमरी ने टिप्पणी की कि आज मुख्य झगड़ा ब्रिटिश सरकार और स्वतन्त्रता मांगने वाले तत्वों में नहीं है अपितु भारत के राष्ट्रीय जीवन के भिन्न-भिन्न तत्वों में है।

## 1942 का क्रिप्स शिष्टमण्डल : क्रिप्स प्रस्ताव

द्वितीय विश्व युद्ध गहराता चला गया तथा ब्रिटिश सरकार भारतीयों का पूर्ण सहयोग चाहने के लिये कृत संकल्प हो गयी। फलस्वरूप 1942 के आरम्भ में अंग्रेजी सरकार ने भारतीयों के असन्तोष को समाप्त करने हेतु एक विज्ञप्ति प्रसारित की जिसकी घोषणा तत्कालीन ब्रिटिश प्रधानमंत्री चर्चिल ने की कि "युद्ध मंत्रिमण्डल (War Cabinet) ने भारत के विषय में एकमत होकर यह निर्णय किया है कि हाऊस ऑफ कामन्स के नेता सर स्टेफर्ड क्रिप्स (Sir Stafford Cripps) भारत जाकर स्वयं निजी विचार-विमर्श से सन्तुष्ट होकर एक न्यायपूर्ण और अन्तिम निर्णय करेंगे जिससे भारतीय अपना अभीष्ट मन्तव्य प्राप्त कर लेंगे," यह घोषणा मार्च 1942 में की गई थी; इस विज्ञप्ति में सर स्टेफर्ड क्रिप्स को यह आदेश था कि वह न केवल बहुसंख्यक हिन्दुओं से ही आवश्यक सहमति प्राप्त करे अपितु सबसे अधिक संख्यक, अल्पसंख्यक जाति मुसलमानों से भी सहमति प्राप्त करे।

भारत पहुंचते ही सर स्टेफर्ड क्रिप्स ने अपना मसविदा (Draft Resolution) कार्यकारी परिषद् के समक्ष (23 मार्च, 1942 ई. को) रखा और दो दिन उपरान्त भारतीय नेताओं के समक्ष रखा तथा 29 मार्च, 1942 ई. को यह प्रस्ताव एक पत्रकार सम्मेलन में जनता के समक्ष प्रस्तुत किया; तदुपरान्त 15 दिन तक विचार-विमर्श होता रहा; इन प्रस्तावों पर महात्मा गांधी की प्रतिक्रिया थी कि

यह प्रस्ताव "उत्तरतिथिय चैक" (Post-dated Cheque) है। प्रस्ताव के प्रावधान इस प्रकार थे–

(i) युद्ध समाप्त होते ही भारतीयों का एक निर्वाचित निकाय बनाया जायेगा जो कि भारत के लिये एक नया संविधान बनायेगा।

(ii) इस संविधान सभा में भारतीय रियासतों को भी सम्मिलित किया जायेगा।

(iii) ब्रिटिश सरकार इस संविधान को निम्न शर्तों पर स्वीकार करेंगी– (1) प्रान्तों में जो इस संविधान को स्वीकार न करना चाहे उसे अधिकार होगा कि अपनी पुरानी स्थिति में बना रहे और फिर जब वह चाहे इस संविधान में सम्मिलित हो जाये। न सम्मिलित होने वाले प्रान्तों को भी वही पद प्राप्त होगा जो कि शेष भारतीय संघ को होगा। (2) जिस सन्धि के अनुसार अंग्रेजों द्वारा भारतीयों को पूर्ण अधिकार दिये जायेंगे उसमें जातीय तथा धार्मिक अल्पसंख्यकों की रक्षा के प्रबन्ध किये जायेंगे।

(iv) संविधान बनाने वाली सभा का चुनाव प्रान्तीय विधान-सभाओं के निम्न सदन द्वारा अनुपाती प्रतिनिधित्व (Proportional Representation) के अनुसार किया जायेगा।

(v) नया संविधान बनने तक ब्रिटिश सरकार भारत की रक्षा के लिये उत्तरदायी रहेगी। इस बीच वह मुख्य भारतीय लोगों के नेताओं का शीघ्र और प्रभावी ढंग से राष्टमंडल और संयुक्त राष्ट्र के कार्य में योगदान चाहती है जिससे कि वे उस कार्य के, जो भावी भारतीय स्वतन्त्रता के लिये अत्यन्त आवश्यक हैं, के निर्वाह और पूर्ण करने में सक्रिय तथा निर्माणकारी सहायता कर सकें।

इस प्रकार इस प्रस्तावित घोषणा के प्रमुख अंग थे–प्रादेशिक शासन स्वतन्त्रता और देश के विभाजन की सम्भावना तथा शक्ति हस्तांतरित होते समय अल्पसंख्यकों की रक्षा के सम्बन्ध में सन्धि करना। जब तक नया संविधान न बने तब तक गवर्नर-जनरल की तत्कालीन स्थिति बनी रहे और अंग्रेज ही भारत की रक्षा के लिये उत्तरदायी हों।

**क्रिप्स प्रस्तावों की समीक्षा**–क्रिप्स प्रस्तावों से किसी को भी सन्तोष नहीं हुआ; प्रत्येक दल ने भिन्न-भिन्न कारणों से इसको अपर्याप्त स्वीकार किया। भारतीय राष्ट्रीय कांग्रेस को इसके अन्तरिम प्रबन्ध से असन्तोष था, उसे इसके रक्षा सम्बन्धी प्रस्ताव स्वीकार नहीं थे; भारतीय राष्ट्रीय कांग्रेस प्रान्तों के अलग होने को स्वीकार करने को तैयार नहीं थी। हिन्दू महासभा भी इन्हीं कारणों से

क्रिप्स प्रस्तावों को अस्वीकृत कर रही थी। सर तेज बहादुर सप्रू व श्री जयकर भी विभाजन के पक्ष में न थे। सिख भी पंजाब के भारत से अलग किये जाने के पक्ष में नहीं थे। पिछड़ी जातियां अपने लिये संरक्षणों के ने मिलने से क्रिप्स प्रस्तावों की विरोधी थी। मुस्लिम लीग एक संघ बनाये जाने, संविधान सभा की रचना तथा एक प्रान्त के पृथक होने के लिये उसकी इच्छा जानने की विधि इत्यादि को लेकर क्रिप्स प्रस्तावों से असन्तुष्ट थी; क्रिप्स प्रस्तावों में स्पष्ट पाकिस्तान का उल्लेख नहीं किया गया था।

उपरोक्त तथ्यों के कारण भारतीय जनता व उसके विभिन्न राजनीतिक दलों को घोर निराशा हुई क्योंकि ऐसा प्रतीत हुआ कि अंग्रेजों का उद्देश्य शक्ति का हस्तांतरण करना नहीं है। इन्हीं परिस्थितियों में अर्थात् क्रिप्स शिष्ट मंडल की असफलता से व्यथित व क्षुब्ध होकर महात्मा गांधी ने 'भारत छोड़ो आन्दोलन' की घोषणा की। अप्रैल 1942 में अंग्रेजों के "सुव्यवस्थित ढंग से भारत से चले जाने की बात कही।" अन्ततः 'भारत छोड़ो' का नारा प्रसिद्ध हो गया। 8 अगस्त 1942 ई. को बम्बई में हुई अखिल भारतीय कांग्रेस कमेटी की बैठक में 'भारत छोड़ो आन्दोलन' के प्रस्ताव का समर्थन किया गया; फलस्वरूप अगले दिन ही गांधी जी व कांग्रेस कार्यकारिणी के सभी सदस्य बन्दी बना लिये गये; परन्तु लोग भड़क उठे, देश में विप्लव उठ खड़ा हुआ; स्थान-स्थान पर सार्वजनिक माल, सम्पत्ति इत्यादि की हानि हुई, गोलियां चलीं। सरकार ने भी दमन चक्र चलाया, सैंकड़ों व्यक्ति मारे गये और हजारों जेल में डाल दिये गये। कांग्रेस नेता इसी प्रकार जेलों में बन्द थे परन्तु दूसरी ओर मुहम्मद अली जिन्नाह ने मुस्लिम लीग को 23 मार्च 1943 ई. को पाकिस्तान दिवस मनाने का आह्वान किया और सम्पूर्ण भारत के मुसलमानों से अनुरोध किया कि पाकिस्तान ही मुसलमानों का राष्ट्रीय उद्देश्य है। मुस्लिम लीग ने 26 अप्रैल, 1943 को इसका समर्थन किया। इसी व्यापक असन्तोष व संघर्ष के दौरान (अक्तूबर 1943 में) लार्ड लिनलिथगो के स्थान पर नये वाइसराय (लार्ड वैवल) नियुक्त हुये।

## 1945 की वैवल योजना (The Wavell Plan)

वाइसराय लार्ड वैवल ने भारत आते ही गतिरोध को समाप्त करने का प्रयत्न करते हुये ब्रिटिश सरकार की सहमति से 14 जून 1945 को यह घोषणा की कि जब तक नया संविधान न बने वाइसराय की कार्यकारिणी का पुनर्गठन किया जाये। गवर्नर-जनरल (वाइसराय) और मुख्य सेनापति के अतिरिक्त सभी सदस्य भारतीय राजनीतिक नेताओं में से ले लिये जायें, उस परिषद् में मुसलमान और सवर्ण हिन्दू बराबर-बराबर होंगे। यद्यपि गवर्नर-जनरल (वाइसराय) का निषेधाधिकार (VETO) समाप्त नहीं किया जायेगा। परन्तु उसका प्रयोग करना आवश्यक नहीं

होगा। विदेशी मामले भी भारतीयों को सौंप दिये जायेंगे। राजनीतिक दलों की एक सम्मिलित सभा आमंत्रित की जायेगी जिससे कार्यकारिणी की नियुक्ति के लिये एक सर्वसम्मत सूची बनाई जा सके; यदि सर्व-सम्मति न हो सकेगी उस स्थिति में पृथक-पृथक सूचियाँ बनाई जायेंगी जिनसे ऐसी नियुक्तियाँ की जा सकें; इसके अतिरिक्त उन प्रान्तों में जहाँ मंत्रिपरिषदें भंग हो गई थी, वहाँ भी 'संयुक्त सरकारें' स्थापित हो सकेंगी। तदुपरान्त् कांग्रेस कार्यकारिणी के सदस्य जेलों से मुक्त कर दिये गये।

वैवल योजना को मूर्तरूप देने हेतु 25 जून, 1945 ई. को शिमला में सम्मेलन आरम्भ हुआ तथा तीन दिन के विचार-विमर्श के उपरान्त स्थगित कर दिया गया। 11 जुलाई 1945 को मुहम्मद अली जिन्नाह वैवल से मिले और व्यक्त किया कि मुस्लिम लीग को ही समस्त मुसलमानों का प्रतिनिधि माना जाये और वाइसराय की सूची में मुस्लिम लीग से बाहर का कोई मुसलमान नहीं होना चाहिये। इसको वाइसराय वैवल ने नहीं माना क्योंकि कांग्रेस व अन्य राजनीतिक दलों में भी मुसलमान थे। तीन दिन उपरान्त वैवल ने शिमला सम्मेलन की विफलता की घोषणा कर दी।

वैवल योजना की असफलता के पश्चात् 19 सितम्बर 1945 को व्यक्त किया गया कि केन्द्रीय व प्रान्तीय विधान सभाओं के चुनाव कराये जायेंगे तथा चुनावों के शीघ्र पश्चात् भारत का संविधान बनाने के लिये भिन्न-भिन्न राजनीतिक दलों की सहायता से एक सभा गठित की जायेगी। इसी 19 सितम्बर 1945 को ब्रिटिश संसद में ब्रिटिश प्रधानमंत्री एटली ने यह घोषणा की कि 1942 के क्रिप्स प्रस्ताव अभी भी विद्यमान हैं और अंग्रेज सरकार उन्हीं के अनुसार सब कार्य कर रही हैं।

अन्ततोगत्वा 1946 में केन्द्रीय तथा प्रान्तीय विधान सभाओं के चुनाव हो गये। कांग्रेस ने लगभग सभी प्रान्तों में लगभग सभी अमुस्लिम स्थान प्राप्त कर लिये; इसके अतिरिक्त उत्तर-पश्चिमी सीमा प्रान्त में मुसलमानों के स्थानों की बहुसंख्या और संयुक्त प्रान्त, मध्य प्रान्त, बिहार व आसाम में कुछ मुस्लिम स्थान भी प्राप्त कर लिये। मुस्लिम लीग ने मुसलमानों के अत्यधिक स्थान प्राप्त किये तथा सिन्ध व बंगाल में मंत्रिमंडल भी बनाया। पंजाब में मुस्लिम लीग सबसे बड़े दल के रूप में उभरी परन्तु पंजाब में हिन्दू, सिख और यूनियनिस्ट दल के हिन्दू और मुसलमान विधायकों ने एक मिला-जुला मंत्रिमंडल मलिक खिज़र हयात खां के नेतृत्व में गठित किया। शेष आसाम, बिहार, संयुक्त प्रान्त, उत्तर-पश्चिमी सीमा प्रान्त, बम्बई, मद्रास, मध्य-प्रान्त व उड़ीसा में कांग्रेस मंत्रिमंडल गठित हुये। ये सभी चुनाव ब्रिटिश सांसदों के भारत दौरे के समय (जनवरी, 1946 में)

हुये थे। ब्रिटिश सांसदों ने भारत की राजनीतिक स्थिति का प्रत्यक्ष अध्ययन किया था।

**मंत्रिमण्डलीय शिष्ट मण्डल योजना** (The Cabinet Mission Plan)– 19 फरवरी, 1946 ई. को लार्ड पैथिक लारेंस ने हाऊस ऑफ लार्ड्स में घोषणा की कि मंत्रिमण्डल का शिष्ट मण्डल जिसमें वे स्वयं तथा सर स्टैफर्ड क्रिप्स व ए.वी. एलेक्जेण्डर होंगे भारत पहुँचेंगे जहाँ वाइसराय तथा भारतीय नेताओं से विचार-विमर्श कर राजनीतिक दलों के मध्य गतिरोध को दूर कर संवैधानिक पथ प्रशस्त करेंगे। मंत्रिमंडलीय शिष्ट मण्डल 24 मार्च, 1946 को दिल्ली आया और भारत के भिन्न-भिन्न राजनीतिक दलों से विस्तृत वार्ता की तत्पश्चात् उसने संवैधानिक समस्या का हल (16 मई, 1946 ई. को) प्रस्तुत किया। इसमें व्यक्त किया गया था–

(i) भारत में अंग्रेजी भारत और रियासतों का मिला-जुला एक संघ होना चाहिये जो विदेशी मामले, रक्षा और संचार साधनों की देखभाल करे और इनके लिये कर लगा सके।

(ii) संघ की कार्यकारिणी व विधानमंडल में ब्रिटिश भारत और रियासतों के प्रतिनिधि होने चाहिये। महत्वपूर्ण साम्प्रदायिक पक्ष पर यह आवश्यक हो कि विधान मंडल में दोनों मुख्य सम्प्रदायों के विधायक अलग-अलग मत देकर उसका समर्थन करें।

(iii) प्रान्तों को केन्द्रीय विषयों को छोड़कर सभी मामलों में पूर्ण स्वायत्तता प्राप्त हो और शेष शक्तियाँ (Residuary Powers) उन्हीं के पास हों।

(iv) प्रान्तों को छोटे अथवा बड़े ग्रुप्स (Groups) बनाने का अधिकार हो और इन ग्रुपों के क्या-क्या अधिकार होंगे, इसका निर्णय वे स्वयं ही करेंगे।

(v) मद्रास, बम्बई, मध्य प्रान्त, संयुक्त प्रान्त, बिहार और उड़ीसा के छः हिन्दू बहुसंख्यक प्रान्त ग्रुप (अ) में होंगे; उत्तर-पश्चिमी सीमा प्रान्त, पंजाब, सिन्धु के मुस्लिम बहुसंख्यक प्रान्त ग्रुप (ब) में होंगे; बंगाल तथा आसाम ग्रुप (स) में होंगे। मुख्य आयुक्त के प्रान्त दिल्ली, अजमेर-मारवाड़ और कुर्ग ग्रूप (अ) में; बलूचिस्तान ग्रुप (ब) में होंगे। प्रान्तों को पूर्ण स्वायत्तता (Full Autonomy) का देना एक प्रकार से पाकिस्तान का 'संकेत' था। यह स्पष्ट था कि ग्रुप (ब) और ग्रुप (स) मुस्लिमों के अधिपत्य में होंगे।

निस्सन्देह मंत्रिमंडलीय शिष्ट मंडल का मुख्य कार्य संविधान सभा अर्थात् भारतीयों द्वारा अपना संविधान बनाने के कार्य को आरम्भ करना था। यह संविधान सभा प्रान्तीय विधान सभाओं द्वारा चुनी जानी थी। प्रान्तीय विधान सभा के सदस्यों को तीन भागों में विभाजित किया जाना था (सामान्य, मुस्लिम, सिख)। प्रत्येक भाग अपने-अपने प्रतिनिधि अनुपाती प्रतिनिधित्व प्रणाली द्वारा चुनने के लिये नियमबद्ध था। गवर्नरों के प्रान्तों में भिन्न-भिन्न सम्प्रदायों को प्रतिनिधि, उनकी जनसंख्या के अनुपात से मिलने थे; लगभग दस लाख लोगों के लिये एक प्रतिनिधि होना था। ग्रुप (अ) के प्रान्तों में सामान्य को 167 स्थान प्रदान किये गये थे; मुसलमानों को 20 स्थान प्राप्त थे। ग्रुप (ब) में सामान्य को 9, मुसलमानों को 22 और सिखों को 4 स्थान प्राप्त थे। ग्रुप (स) में सामान्य को 34, मुसलमानों को 36 स्थान प्राप्त थे। इन 292 सदस्यों में 4 सदस्य 4 मुख्य आयुक्तों के प्रान्तों से नियत थे। 93 सदस्य भारतीय रियासतों से नियत थे। इनका चयन विचार-विमर्श से किया जाना था।

उपरोक्त गठित संविधान सभा तीन ग्रुपों के अनुसार तीन भागों में विभाजित होनी थी। प्रत्येक भाग अपने-अपने प्रान्तों के लिये संविधान बनायेगा और यह भी निश्चय करेगा कि अपने ग्रुप के लिये संविधान बनाना है अथवा नहीं। तीनों भाग सम्मिलित रूप से संघीय संविधान बनायेंगे।

ग्रुपों और संघ के संविधान में यह व्यवस्था भी थी कि प्रान्तों को यह अधिकार था कि प्रत्येक 10 वर्ष के उपरान्त संविधान की शर्तों पर पुनर्विचार करने की मांग कर सकें; इसके अतिरिक्त प्रान्तों को नये संविधान के अधीन चुनाव के पश्चात् अपनी विधान सभाओं के निर्णयों के अनुसार अपने ग्रुपों से पृथक होने का भी अधिकार था। संविधान सभाओं को इंग्लैण्ड के साथ शक्ति के हस्तांतरण से उत्पन्न हुये मामलों पर एक सन्धि भी करनी थी। भारतीय रियासतों के सम्बन्ध में यह स्पष्ट किया गया था कि संविधान अस्तित्व में आते ही अंग्रेजों की सर्वोच्चता (Paramountcy) समाप्त हो जायेगी अर्थात् ब्रिटिश सरकार ने जो भी अधिकार रियासतों से लिये हैं, वे सभी पुनः रियासतों को प्राप्त हो जायेंगे। अंग्रेज तथा रियासतों के बीच राजनीतिक सम्बन्ध समाप्त हो जायेंगे। मंत्रिमंडलीय शिष्ट मण्डल योजना में यह भी स्पष्ट किया गया था कि एक अन्तरिम सरकार का गठन किया जाये जिसे मुख्य राजनीतिक दलों का समर्थन प्राप्त हो और जिसमें सभी विभाग रक्षा समेत भारतीय नेताओं के नियन्त्रण में हों।

## मंत्रिमंडलीय शिष्ट मंडल योजना के गुण/दोष

इस योजना का प्रमुख गुण था कि संविधान सभा लोकतंत्रवादी सिद्धान्त-जनसंख्या पर आधारित थी; साम्प्रदायिक प्रश्न की बहुसंख्या के आधार पर निर्णय करना

था; पाकिस्तान का विचार पूर्णतया छोड़ दिया गया था; संविधान सभा के सदस्य ब्रिटिश सरकार अथवा यूरोपीय अधिकारी, कोई नहीं थे और प्रान्तीय विधान सभाओं में भी मत डालने के समय यूरोपीय सदस्यों को अनुपस्थित रहना था। इस संविधान सभा के कार्य में किसी प्रकार की बाधा उत्पन्न नहीं की गई थी, इसे अपनी इच्छानुसार कार्य करने का अवसर प्रदान किया गया था।

इस योजना के प्रमुख दोषों में स्वीकार किये जाते हैं–(i) मुस्लिम अल्पसंख्यकों के हितों की रक्षा की गई थी परन्तु सिखों के हितों की नहीं। (ii) प्रान्तों के ग्रुपों के विषय में मतभेद थे; मुस्लिम लीग मानती थी कि ग्रुप बनाना आवश्यक है परन्तु कांग्रेस की दृष्टि में ग्रुप बनाना वैकल्पिक था। (iii) संविधान बनाने की शृंखला विचित्र थी; पहले ग्रुप और प्रान्तों का संविधान बनाना था तत्पश्चात् केन्द्र का संविधान बनाना था। अर्थात् गाड़ी घोड़े के आगे जोत दी गयी थी।

## संविधान सभा का चयन और राष्ट्रीय सरकार का गठन

दोनों प्रमुख राजनीतिक दलों (कांग्रेस व मुस्लिम लीग) ने अनिच्छा के साथ मंत्रिमंडलीय शिष्ट मंडल योजना को स्वीकार किया था। कांग्रेस प्रान्तों के ग्रुप बनाने पर क्षुब्ध थी और मुस्लिम लीग पाकिस्तान की मांग न मानने पर क्षुब्ध थी।

संविधान सभा के चुनावों में कांग्रेस ने 214 सामान्य स्थानों में से 205 स्थान प्राप्त कर लिये; कांग्रेस को 4 सिख सदस्यों का भी समर्थन प्राप्त था। मुस्लिम लीग को 78 मुस्लिम स्थानों में से 73 स्थान प्राप्त हुये थे। इस स्थिति में मुहम्मद अली जिन्नाह ने अनुभव किया कि 296 सदस्यों वाली संविधान सभा में उसके पक्ष में मात्र 73 स्थान हैं जो कि एक-चौथाई से भी कम थे; उन्होंने शीघ्र समझ लिया कि मुस्लिम लीग पूर्णतया ऐसी स्थिति में आच्छादित हो जायेगी। अतः उन्होंने 29 जून, 1946 ई. को मुस्लिम लीग की ओर से घोषित किया कि मंत्रिमंडलीय शिष्ट मंडल योजना अस्वीकार की जाती है। साथ ही उन्होंने सीधी कार्यवाही (Direct Action) का प्रस्ताव पारित किया; उन्होंने अंग्रेजों व कांग्रेस दोनों को विश्वासघाती करार दिया; मुस्लिम जनता को पाकिस्तान की प्राप्ति के लिये सीधी कार्यवाही करने को उकसाया। अगस्त, 1916 की सोलह तारीख को 'सीधी कार्यवाही दिवस' निर्धारित हुआ। निश्चित तिथि को व्यापक रूप से सम्पूर्ण भारत में साम्प्रदायिक दंगे हुये। ऐसी परिस्थिति में वाइसराय वैबल ने जवाहरलाल नेहरू को एक अंतरिम सरकार बनाने का निमन्त्रण दिया, इस अंतरिम सरकार में मुस्लिम लीग ने सम्मिलित होने से इन्कार कर दिया। अतएव 2 सितम्बर, 1946 ई. को गठित अंतरिम सरकार में आरम्भ में केवल कांग्रेस के ही मनोनीत किये हुये व्यक्ति थे जिनमें पं. जवाहरलाल नेहरू के नेतृत्व में एक सिख, एक

ईसाई, एक पारसी, तीन मुसलमान तथा एक अनुसूचित जाति से और शेष 5 सवर्ण हिन्दु थे। वाइसराय के पुनः आग्रह पर मुस्लिम लीग 26 अक्तूबर, 1946 को इस सरकार में सम्मिलित हो गई। मुस्लिम लीग की ओर से 4 मुसलमान और एक अनुसूचित जातीय व्यक्ति सम्मिलित हुये थे। इस अंतरिम सरकार में यह अनुभव किया जाने लगा कि मुस्लिम लीग का उद्देश्य देश की सेवा नहीं अपितु अंग्रेजों की सहानुभूति अर्जित करना है। मुस्लिम लीग ने संविधान सभा में सम्मिलित होना स्वीकार नहीं किया। इस प्रकार समस्या जटिल होती गयी।

## ब्रिटिश प्रधानमंत्री एटली की घोषणा

उपरोक्त जटिल परिस्थितियों के मध्य 20 फरवरी, 1947 को ब्रिटिश प्रधानमंत्री एटली ने एक घोषणा की जिसे भारत की स्वतन्त्रता के इतिहास का प्रमुख चरण माना जाता है, घोषणा में व्यक्त किया गया था कि भारतीय राजनीतिक दलों के आपसी मतभेद, संविधान सभा के कार्य में योजनाबद्ध रूप से बाधा डालते हैं जिससे वह भिन्न-भिन्न सम्प्रदायों का पूर्णरूपेण प्रतिनिधित्व नहीं कर सकती; इससे अनिश्चितता का माहौल बनता है, इस स्थिति को अधिक सहन नहीं किया जा सकता; सम्राट की सरकार जून, 1948 तक प्रभुसत्ता भारतीयों को हस्तांतरित कर देगी; यदि मुस्लिम लीग संविधान सभा का बहिष्कार जारी रखेगी तो हमें यह निर्णय करना होगा कि अंग्रेजी प्रदेशों की केन्द्रीय प्रभुसत्ता निश्चित तिथि तक किस को हस्तांतरित की जाये।

अन्ततः जून, 1948 एक अंतिम तिथि घोषित कर दी गई जब तक अंग्रेज भारत से चले जायेंगे और भारत के विभाजन की बात जो मंत्रिमंडलीय शिष्ट मंडल योजना में अस्वीकृत कर दी गई थी, भी मान ली गई; इस घोषणा ने भारत के विभाजन का मार्ग प्रशस्त कर दिया और भारत के विभाजन के लिये एक व्यापक व प्रभावी आन्दोलन का सूत्रपात कर दिया। सम्पूर्ण भारत में स्थिति गम्भीर हो गई। मुस्लिम लीग ने कलकत्ता, आसाम, पंजाब व उत्तरी-पश्चिमी सीमा प्रान्त में भयंकर अत्याचार किया। इस घृणा व आतंक के साये में भारतीय एकता स्थापित रखना सम्भव नहीं रहा। घोषणा के शीघ्र उपरान्त भारत में नये वाइसराय लार्ड लुई मांउटबेटन की नियुक्ति कर दी गई।

## मांउटबेटन योजना (3 जून, 1947 की योजना)

वाइसराय लार्ड लुई मांउटबेटन ने भारत आते ही यह घोषणा कर दी कि वे कुछ ही माह में भारतीयों को सत्ता सौंप देंगे। इस सम्बन्ध में उन्होंने भारत के प्रमुख नेताओं से सम्पर्क प्रारम्भ किया। अन्ततः 3 जून, 1947 को उन्होंने अपनी योजना की घोषणा की, जिसमें कहा गया था कि "महामहिम सम्राट की सरकार की कोई इच्छा नहीं है कि वह संविधान सभा के कार्य में बाधा डाले;

यह भी स्पष्ट है कि इस सभा द्वारा बनाया गया संविधान उन प्रान्तों पर लागू नहीं किया जा सकता जो इसे स्वीकार करने को उद्यत नहीं हैं। महामहिम की सरकार को ऐसे प्रान्तों की इच्छाओं को जानने के लिये निम्नलिखित ढंग ही सन्तोषजनक प्रतीत होते हैं कि उनका संविधान विद्यमान संविधान सभा ही बनाये अथवा एक नवीन संविधान तथा पृथक संविधान सभा जिसमें सब प्रान्तों के प्रतिनिधि भाग लें जिन्होंने इस सभा में भाग लेना अस्वीकार कर दिया है। जब ऐसा हो जायेगा तो यह निर्णय करना होगा कि किस शक्ति को अथवा शक्तियों को प्रभुसत्ता का हस्तांतरण किया जाये।"

पंजाब और बंगाल की प्रान्तीय सभाओं की बैठक मुस्लिम बहुसंख्यक तथा शेष प्रतिनिधियों की पृथक-पृथक होनी थी और उन्हें यह निश्चित करना था कि प्रान्तों का विभाजन हो अथवा नहीं। यदि कोई एक भाग का साधारण बहुमत विभाजन के पक्ष में मत देता है तो विभाजन की व्यवस्था की जायेगी। सिंध की प्रान्तीय सभा को भी विशेष बैठक में ऐसा ही निर्णय करना था; उत्तर-पश्चिम सीमा प्रान्त में जनमत-संग्रह (Referendum) का प्रावधान था और आसाम के मुस्लिम बहुसंख्यक जिले सिलहट में भी जनमत-संग्रह का प्रावधान किया गया था कि वह आसाम में रहे अथवा पूर्वी बंगाल में सम्मिलित हो। इस योजना में यह भी निहित था कि विभाजन की स्थिति में सीमा आयोग (Boundary Commission) सीमायें निश्चित करेगा। महामहिम की सरकार इसी वर्ष एक विधेयक पारित करेगी जिसके अनुसार एक अथवा दो प्राधिकरणों को प्रादेशिक शासन स्वतन्त्रता (Dominion Status) के आधार पर सत्ता हस्तांतरित की जा सके।

मांउटबेटन योजना (3 जून, 1947 की योजना) को सभी राजनीतिक दलों ने स्वीकार कर लिया था; मुस्लिम लीग प्रसन्न थी कि उसे गृह प्रदेश (Homeland) मिल गया था। कांग्रेस ने योजना इस आधार पर स्वीकार की थी कि इसके अतिरिक्त कोई दूसरा विकल्प नहीं रह गया था। सिखों ने भी अनमने भाव से इसे स्वीकार कर लिया था। यह योजना बिना किसी विलम्ब के क्रियान्वित हो गई। पंजाब और बंगाल की सभाओं ने विभाजन के पक्ष में निर्णय लिया तथा पूर्वी बंगाल व पश्चिमी पंजाब पाकिस्तान में सम्मिलित हो गये। पश्चिमी बंगाल व पूर्वी पंजाब भारत में सम्मिलित हुये। उत्तर-पश्चिमी सीमा प्रान्त के जनमत-संग्रह का परिणाम पाकिस्तान के पक्ष में था, बलुचिस्तान और सिन्ध भी पाकिस्तान में सम्मिलित हो गये। तदुपरान्त इस प्रकरण को अन्तिम रूप देने हेतु ब्रिटिश सरकार ने एक विधेयक बनाया जो ब्रिटिश संसद द्वारा 18 जुलाई 1947 को पारित कर दिया गया, यह '1947 का भारतीय स्वतन्त्रता अधिनियम' कहलाया।

## 1947 के भारतीय स्वतन्त्रता अधिनियम के मुख्य प्रावधान

(i) भारत में 15 अगस्त 1947 को दो प्रादेशिक शासन इकाइयां 'भारत' और 'पाकिस्तान' स्थापित की जानी थीं और उस तिथि के पश्चात् इंग्लैण्ड को भारत पर अपना अधिपत्य छोड़ देना था।

(ii) नया संविधान बनने व लागू होने तक यही संविधान सभायें विधान सभाओं के रूप में कार्य करेंगी और 1935 के भारत सरकार अधिनियम के अनुसार कार्य चलेगा।

(iii) प्रत्येक प्रादेशिक इकाई को 31 मार्च, 1948 तक गवर्नर-जनरल द्वारा पारित अधिनियम से भारत सरकार अधिनियम 1935 में परिवर्तन करने का अधिकार दिया गया और उसके उपरान्त वहां की संविधान सभा को यह अधिकार प्राप्त होगा।

(iv) ब्रिटिश सम्राट दोनों प्रादेशिक इकाइयों के लिये पृथक-पृथक गवर्नर-जनरल नियुक्त करेंगे परन्तु यदि दोनों प्रादेशिक इकाइयां एक ही गवर्नर-जनरल रखना चाहें तो रख सकेंगे।

(v) ब्रिटिश सम्राट का कानूनों के निषेधाधिकार का अथवा उसे महामहिम की इच्छा पर छोड़ देने का अधिकार त्याग दिया गया और प्रत्येक गवर्नर-जनरल का अपने-अपने देश के विधान मंडलों द्वारा पारित कानूनों को स्वीकार करने की अनुमति दे दी गयी।

(vi) ब्रिटिश क्राउन का भारतीय रियासतों पर प्रभुत्व समाप्त हो गया, 15 अगस्त, 1947 को सभी सन्धियां और समझौते समाप्त माने जायेंगे, परन्तु जब तक कि इन नये देशों और रियासतों के मध्य नये समझौते नहीं होंगे उस समय तक तत्कालीन समझौते क्रियाशील रहेंगे।

(vii) भारत राज्य सचिव का पद समाप्त हो गया और उसका कार्य राष्ट्रमंडलीय मामलों के सचिव (Secretary for Commonwealth Affairs) को प्रदान किया गया।

(viii) अंग्रेज सम्राट के नाम के साथ संलग्न 'भारत के सम्राट' (Emperor of India) शब्द हटा दिये गये।

(ix) दोनों देश स्वेच्छा से यह निर्णय कर सकेंगे कि उन्हें ब्रिटिश राष्ट्रमंडल (British Commonwealth of Nations) में बने रहना चाहिये अथवा नहीं।

अन्ततः 'भारतीय स्वतन्त्रता अधिनियम 1947' (The India Independence Act 1947) द्वारा भारत में क्राउन पर आश्रित एक उपनिवेश के स्थान पर दो स्वतंत्र अधिराज्य स्थापित हो गये। अब उस पर ब्रिटिश संसद व ह्वाईट हाल का नियन्त्रण नहीं रहा था। ब्रिटिश संसद ने इस विधेयक को भारत के लिये पारित सभी विधेयकों में सबसे 'महान और उत्तम' कहा था। इस अधिनियम से भारत में लगभग दो सौ वर्ष पुराना अंग्रेजी साम्राज्य समाप्त हो गया। इस प्रकार इस विधेयक ने एक नवीन युग का सूत्रपात किया।

# 12

# भारतीय गणतंत्र का संविधान

भारतीय गणतंत्र का संविधान एक बहुत लम्बा और विस्तृत दस्तावेज है; यह संविधान 26 जनवरी, 1950 ई. से क्रियान्वित हुआ जो गणतंत्र दिवस के रूप में प्रत्येक 26 जनवरी को धूमधाम से मनाया जाता है। संविधान के निर्माण की प्रक्रिया 26 जनवरी, 1950 से बहुत पहले प्रारम्भ हो गई थी; इसकी जड़ें स्वतन्त्रता संघर्ष तथा प्रतिनिधि सरकार स्थापित करने के प्रयत्नों में झलकती हैं।

## संविधान की संरचना

भारतीय गणतन्त्र के संविधान का मूल आधार जनतंत्र की भावना थी; जनता में इस भावना का संचार राष्ट्रीय आंदोलन (भारतीय स्वतन्त्रता-संग्राम) ने किया था। स्वतन्त्रता-संघर्ष के दौरान यह तथ्य अधिकाधिक स्पष्ट होता गया कि भारतीय अपना संविधान स्वयं तैयार करने के अधिकार से कम में संतुष्ट नहीं होंगे; इसके लिये व्यापकतम मताधिकार के आधार पर संविधान सभा का विचार बल प्राप्त कर गया; यह विचार प्रतिपादित करने वाले जवाहरलाल नेहरू प्रथम राष्ट्रीय नेता थे, जिन्होंने इसे 1933 ई. में प्रस्तुत किया था। संविधान सभा की मांग 1934 से निरन्तर की जाती रही। इसे 1936-37 के चुनावों के दौरान कांग्रेस घोषणा-पत्र में भी सम्मिलित किया गया था। 1937 के अगस्त तथा अक्तूबर माह के मध्य सभी कांग्रेसी प्रान्तों (बम्बई, मद्रास, संयुक्त प्रान्त, बिहार, उड़ीसा, मध्य प्रान्त, सिन्ध, उत्तर-पश्चिमी सीमान्त प्रदेश) ने यह प्रस्ताव पारित किया था कि 1935 का भारत सरकार अधिनियम रद्द किया जाये और इसके स्थान पर व्यस्क मताधिकार के आधार पर निर्वाचित संविधान सभा द्वारा निर्मित स्वतंत्र भारत के लिये एक संविधान क्रियान्वित किया जाये। 17 सितम्बर, 1937 को केन्द्रीय असेम्बली में प्रस्तुत एक प्रस्ताव में भी यही विचार व्यक्त किया गया था। महात्मा गांधी ने 'एक मात्र रास्ता' नामक लेख में संविधान सभा की मांग की। अन्तत: 1940 में वाइसराय लिनलिथगो ने 'अगस्त प्रस्ताव' प्रस्तुत कर यह स्वीकार किया

कि नये संविधान का निर्माण प्रमुखतः भारतीयों का दायित्व है। उन्होंने द्वितीय विश्व युद्ध की समाप्ति के उपरान्त एक ऐसी संस्था के गठन का आश्वासन दिया जो "भारत के राष्ट्रीय जीवन के प्रमुख हिस्सों के प्रतिनिधियों से बनी हो, जो नये संविधान का निर्माण कर सके।" इस प्रस्ताव में यह स्पष्ट नहीं था कि इस संस्था का निर्माण किस प्रकार होगा–प्रत्यक्ष चुनावों से अथवा सीमित मताधिकार वाले अप्रत्यक्ष चुनावों से अथवा मनोनयन से। भारत की सभी प्रमुख राजनीतिक पार्टियों ने अगस्त प्रस्ताव अस्वीकार कर दिया। तदुपरान्त् 1942 के क्रिप्स प्रस्तावों में पहली बार संविधान सभा गठित करने के ढंग को व्यक्त किया गया–"युद्ध की समाप्ति के बाद प्रादेशिक चुनावों के परिणामों के आधार पर प्रादेशिक विधायिकाओं के निचले सदनों के समस्त सदस्य एक चुनाव प्रकोष्ठ के सदस्य होंगे। वे समानुपातिक प्रतिनिधित्व के आधार पर एक संविधान बनाने वाली संस्था का निर्माण करेंगे। भारतीय रजवाड़ों के राज्य अपनी-अपनी जनसंख्या के अनुपात में प्रतिनिधि निश्चित करेंगे।" निस्सन्देह क्रिप्स प्रस्तावों में पहली बार ब्रिटिश सरकार ने यह माना था कि संविधान बनाना भारतीयों का दायित्व है। 19 फरवरी, 1946 ई. को अर्थात् द्वितीय विश्व युद्ध की समाप्ति के लगभग छः माह पश्चात्, ब्रिटेन ने एक कैबिनेट मिशन भारत भेजने की घोषणा की, जिसका उद्देश्य भारत की स्वतन्त्रता व संविधान-निर्माण के मुद्दों को हल करना था। कैबिनेट मिशन ने 16 मई, 1946 ई. को अपनी योजना की घोषणा की जिसमें उसने स्वीकार किया कि संविधान बनाने की संस्था का गठन व्यस्क मताधिकार पर आधारित चुनाव है परन्तु इस समय ऐसा कदम उठाने से नया संविधान बनाने में अत्यधिक विलम्ब होगा; इसलिये प्रान्तों की नव-निर्वाचित असेम्बलियाँ दस लाख की जनसंख्या पर एक प्रतिनिधि के हिसाब से संविधान सभा के सदस्यों का चुनाव करें। सिख तथा मुस्लिम विधायक अपने सम्प्रदायों की जनसंख्या के आधार पर अपने प्रतिनिधि चुनें। प्रान्तों को ग्रुपों 'ए', 'बी', 'सी' श्रेणियों में वर्गीकृत किया गया था। 'ए', में मद्रास, बम्बई, संयुक्त प्रान्त, बिहार, मध्य प्रान्त, उड़ीसा थे, ये 'हिन्दू बहुल प्रान्त' कहलाते थे। 'बी' में पंजाब, उत्तर-पश्चिमी सीमा प्रान्त एवं सिन्ध थे। 'सी' में आसाम व बंगाल थे। कैबिनेट मिशन के प्रस्तावों के अनुसार पृथक-पृथक ग्रुपों में बैठकर पहले अपने प्रान्तों का और फिर ग्रुप का संविधान बनाना था। यह प्रक्रिया पूरी होने के पश्चात् प्रान्तों व रियासतों के प्रतिनिधि सम्मिलित होकर संघीय संविधान बनायेंगे।

कांग्रेस ने कैबिनेट मिशन योजना के प्रस्ताव पर प्रतिक्रिया व्यक्त करते हुये कहा कि संविधान सभा सार्वभौम होनी चाहिये; इसे विभिन्न मुद्दों पर कैबिनेट मिशन के सुझाव स्वीकार अथवा अस्वीकार करने का अधिकार होना चाहिये, परन्तु ब्रिटिश सरकार ने ऐसा कोई आश्वासन नहीं दिया। कांग्रेस ने यह समझकर

कि कैबिनेट मिशन के प्रस्तावों को न स्वीकार करने से सत्ता हस्तांतरण में विलम्ब होगा, इसे स्वीकार कर लिया। मुस्लिम लीग संविधान सभा के गठन का विरोध कर रही थी।

## संविधान सभा व उसकी कार्य-प्रणाली

संविधान सभा में 389 सदस्य प्रस्तावित थे। इनमें 296 प्रान्तों से और 93 भारतीय रियासतों से थे। प्रारम्भ में संविधान सभा में केवल प्रान्तों के सदस्य ही सम्मिलित थे। इसके लिये जुलाई-अगस्त, 1946 में चुनाव हुये थे। सामान्य सीटों की 210 सीटों में कांग्रेस ने 199 प्राप्त की थी; कांग्रेस को 78 मुस्लिम सीटों में 73 प्राप्त हुई थीं; तीन सीटें (कुर्ग, दिल्ली तथा अजमेर-मारवाड़) से मिली थीं; पंजाब से 4 सिख सीटों में से तीन सीटें कांग्रेस को मिली थीं। इस प्रकार कांग्रेस को कुल 208 सीटें प्राप्त हुई। मुस्लिम लीग ने 78 मुस्लिम सीटों में से 73 प्राप्त की थीं।

संविधान सभा सार्वभौम वयस्क मताधिकार के आधार पर निर्वाचित नहीं हुई थीं अतः वह वास्तविक रूप में प्रतिनिधि स्वरूप की नहीं थी; इसके अतिरिक्त इसमें केवल मुसलमानों व सिखों को ही विशेष प्रतिनिधित्व वाले 'अल्पसंख्यक' स्वीकार किया गया था; इसलिये संविधान सभा को कांग्रेस सचमुच देश की विविधता का प्रतिनिधि बनाने के विशेष प्रयत्न किये। कांग्रेस कार्य समिति ने जुलाई, 1946 में प्रादेशिक कांग्रेस कमेटियों को विशेष निर्देश दिये कि सामान्य श्रेणी की कांग्रेस सूची में अनुसूचित जातियों, पारसियों, भारतीय ईसाइयों, ऐंग्लो-इंडियनों आदिवासियों और महिलाओं के प्रतिनिधि सम्मिलित करें। असेम्बली के चुनाव के लिये नाम निश्चित करने में यह ध्यान रखा गया कि संविधान तैयार करने के लिये सक्षम व्यक्ति होने चाहिये। इस सम्बन्ध में स्वयं महात्मा गांधी ने पहल की; उन्होंने कांग्रेस सूची में सोलह प्रमुख नामों का सुझाव दिया। इस प्रकार तीस ऐसे लोग कांग्रेस सूची में चुने गये जो इसके सदस्य नहीं थे।

संविधान सभा का चुनाव रोकने में विफल होने के बाद मुस्लिम लीग ने अपना ध्यान इसमें भाग न लेने पर केन्द्रित किया।

20 नवम्बर, 1946 ई. को संविधान सभा 9 दिसम्बर, 1946 ई. को बुलाये जाने की घोषणा की गई। पं. जवाहरलाल नेहरू के परामर्श से डॉ. सच्चिदानन्द सिन्हा अस्थायी अध्यक्ष घोषित हुए। निस्सन्देह यह संविधान सभा कांग्रेस व विशेषकर जवाहरलाल नेहरू के विचारों की देन थी। स्वतन्त्र भारत का संविधान बनाने वाली संस्था के रूप में इसकी प्रतिष्ठा मात्र सार्वभौम होने में न ही अपितु सार्वभौम दृष्टिगोचर होने में थी।

भारत की इस संविधान सभा का प्रथम अधिवेशन 9 दिसम्बर, 1946 को प्रात: 11 बजे प्रारम्भ हुआ। मुस्लिम लीग ने इसमें भाग लेना अस्वीकार कर दिया। 11 दिसम्बर, 1946 को डॉ. राजेन्द्र प्रसाद स्थायी अध्यक्ष चुने गये। यह पद बाद में असेम्बली का प्रेसीडेंट कहलाया। 13 दिसम्बर, 1946 को जवाहरलाल नेहरू ने प्रसिद्ध "उद्देश्यों सम्बन्धी प्रस्ताव" प्रस्तुत किया।

15 अगस्त, 1947 ई. को स्वतन्त्रता प्राप्ति के साथ ही संविधान सभा एक सार्वभौम संस्था बन गई, साथ ही नये राष्ट्र के लिये एक विधायिका भी। इस संस्था पर संविधान बनाने तथा सामान्य कानून बनाने का दायित्व था। इसने अपने कार्य को पांच चरणों में विभाजित किया था–

(i) कमेटियों को मूल प्रश्नों पर रिपोर्ट तैयार करनी थी।

(ii) संवैधानिक सलाहकार बी.एन. राऊ ने आरम्भिक रिपोर्टों व अन्य देशों के संविधानों में शोध कर प्रतिवेदन देना था।

(iii) डॉ. अम्बेडकर की अध्यक्षता में संविधान का प्रारूप तैयार किया गया।

(iv) प्रारूप पर बहस की गयी। संशोधन प्रस्तावित हुये।

(v) संविधान स्वीकृत किया गया।

निस्सन्देह, जवाहरलाल नेहरू ने संविधान का मूल चरित्र और दर्शन तैयार किया था; उन्होंने इसकी प्रत्येक प्रक्रिया में सक्रिय भाग लेकर एक महत्वपूर्ण उदाहरण प्रस्तुत किया था। सरदार पटेल ने रजवाड़ों के प्रतिनिधियों को संविधान सभा में लाने में निर्णायक भूमिका निभाई थी। सरदार पटेल ने अलग-मतदान क्षेत्र समाप्त करने और धार्मिक अल्पसंख्यकों को सीटों का आरक्षण देने के प्रयत्न विफल करने में विशिष्ट योग किया था। राजेन्द्र प्रसाद को निष्पक्षता एवं आत्मसम्मान के लिये विशेष प्रशंसा प्राप्त हुई थी। कांग्रेस दल ने संकुचित मानसिकता से मुक्त रास्ता अपनाया था। कांग्रेस ने सबसे योग्य व्यक्तियों की सहायता प्राप्त की थी, उसने अपने विचार थोपने की अपेक्षा सहमति का मार्ग अपनाया था। इतिहासकार ग्रांविल ऑस्टिन के शब्दों में–"संविधान-सभा एक-पार्टी वाली संस्था थी। असेम्बली कांग्रेस थी, और कांग्रेस भारत।"

भारत के नये संविधान को संविधान सभा द्वारा 26 नवम्बर, 1949 को अन्तिम रूप दे दिया गया तथा 26 जनवरी, 1950 ई. को कार्यान्वित कर दिया गया।

## मुख्य प्रावधान

भारतीय संविधान में 395 धारायें थीं, जिनको 22 भागों में और 8 सूचियों में क्रमबद्ध किया गया था–संविधान लागू होने के पश्चात् अब तक इसमें अनेकों संशोधन हुये हैं और इसकी कुछ व्यवस्थायें परिवर्तित कर दी गई हैं।

## भूमिका

संविधान का मूल दर्शन (प्रेरक विचार) इसकी भूमिका (प्रस्तावना) में निहित है; यह जवाहरलाल नेहरू द्वारा तैयार उद्देश्यों से सम्बन्धित प्रस्ताव पर आधारित था। इसे असेम्बली के प्रथम अधिवेशन में 13 दिसम्बर, 1946 को प्रस्तुत किया गया था और 22 जनवरी, 1947 को स्वीकृत किया गया था। भूमिका में स्पष्ट किया गया था कि संविधान सभा में भारत की जनता सभी नागरिकों के लिये "सामाजिक, आर्थिक और राजनैतिक न्याय; विचारों एवं आस्था, अराधना के प्रकटीकरण की आजादी; स्थिति एवं अवसर की समानता; सबों के बीच बराबरी और व्यक्ति का सम्मान तथा राष्ट्र की एकता हासिल करने का संकल्प करती है।"

सामाजिक और आर्थिक न्याय का विचार भारत के संविधान का सबसे मूल विचार था।

## मूल अधिकार एवं निर्देशक सिद्धान्त

"सामाजिक क्रान्ति के प्रति समपर्ण", मूलभूत अधिकारों एवं राज्य-नीति सम्बन्धी निर्देशक सिद्धान्तों मे दृष्टिगत होता है। यह संविधान की आत्मा है। भारतीय संविधान में परम्परागत राजनीतिक-नागरिक अधिकारों को मूलभूत अधिकारों में सम्मिलित किया गया है। नये आर्थिक व सामाजिक अधिकार निर्देशक सिद्धान्तों में स्वीकार किये गये हैं।

मूलभूत अधिकार सात भागों में विभाजित किये गये हैं-समानता का अधिकार, स्वतन्त्रता का अधिकार, शोषण के विरुद्ध अधिकार, धर्म-सम्बन्धी अधिकार, सांस्कृतिक एवं शैक्षणिक अधिकार, सम्पत्ति सम्बन्धी अधिकार और संवैधानिक उपायों सम्बन्धी अधिकार। ये अधिकार संविधान की धाराओं 12 से 35 में सम्मिलित हैं। इनका उद्देश्य व्यक्तियों और अल्पसंख्यकों की राज्य की मनमानी से रक्षा करना है।

भूमिका, मूलभूत अधिकार एवं निर्देशक तत्व मिलकर यह स्पष्ट कर देते हैं कि संविधान का उद्देश्य एक ऐसा समानतावादी समाज बनाना था, जिसमें व्यक्तिगत स्वतन्त्रता सुरक्षित हो।

### धर्म-निरपेक्ष राज्य

संविधान भारत को एक सार्वभौम, समाजवादी, धर्म-निरपेक्ष तथा जनतांत्रिक गणतंत्र घोषित करता है। संविधान की आत्मा धर्म-निरपेक्ष थी। इसका तात्पर्य है कि सभी धर्मों को पूर्ण स्वतंत्रता थी परन्तु कोई धर्म एक-दूसरे के मामलों में तथा राज्य की मूल मान्यताओं में हस्तक्षेप न करे।

### संघीय (केन्द्रीय ढांचा)

असेम्बली प्रथम संविधान सभा थी जिसने आरम्भ से ही 'सहयोगी संघवाद' अपनाया था। इसकी विशेषता थी संघीय तथा क्षेत्रीय सरकारों की अधिकाधिक आपसी निर्भरता। संविधान सभा ने मजबूत केन्द्र वाला संघीय संविधान अपनाया।

## शासन की संस्थायें

### राष्ट्रपति

संविधान ने कार्यकारिणी के अधिकार राष्ट्रपति में निहित किये हैं। परन्तु राष्ट्रपति राज्य के प्रमुख हैं न कि कार्यकारिणी के। वे राष्ट्र का प्रतिनिधित्व करते हैं लेकिन उस पर शासन नहीं करते। कार्यकारिणी का प्रमुख वास्तव में 'प्रधानमंत्री' है जो मंत्रिपरिषद् का प्रमुख है और मंत्रिपरिषद् संसद के प्रति उत्तरदायी है। इस प्रकार राष्ट्रपति राष्ट्र का सांकेतिक मुखिया है। निस्सन्देह भारतीय संविधान राष्ट्रपति को भारी अधिकार प्रदान करता है परन्तु इनका प्रयोग मंत्रिमंडल के परामर्श से ही किया जा सकता है।

### उप-राष्ट्रपति

उप-राष्ट्रपति का मुख्य कार्य राज्य सभा के अध्यक्ष का दायित्व संवह करना है।

### मंत्रिपरिषद् और प्रधानमंत्री

संविधान के अन्तर्गत वास्तविक कार्यकारिणी-सम्बन्धी अधिकार प्रधानमंत्री के नेतृत्व में मंत्रिपरिषद् में निहित हैं। प्रधानमंत्री 'सरकार का केन्द्र बिन्दु' है। लगभग समस्त अधिकार राष्ट्रपति में औपचारिक तौर पर निहित होते हुये भी वास्तव में प्रधानमंत्री द्वारा प्रयुक्त होते हैं। प्रधानमंत्री राष्ट्रपति, मंत्रिमंडल तथा संसद के बीच कड़ी होता है। मंत्रिपरिषद् को कैबिनेट-स्तर के मंत्रियों की परिषद् कहा गया है। ये मंत्री नियमित रूप से प्रधानमंत्री के सभापतित्व में कैबिनेट की बैठकों में भाग लेते हैं।

## संसद

भारतीय संसद में दो सदन की व्यवस्था है; 'राज्य सभा' व 'लोक सभा'। 'राज्य सभा' में 250 सदस्य होते हैं; इनमें से 238 का निर्वाचन राज्य विधान सभाओं के निर्वाचित सदस्य एकल हस्तांतरण मत प्रणाली के अनुसार समानुपातिक प्रतिनिधित्व के आधार पर करते हैं। शेष 12 का मनोनयन सरकार के सुझाव पर राष्ट्रपति द्वारा किया जाता है। राज्य सभा के एक-तिहाई सदस्य प्रत्येक दो वर्षों पर अवकाश ग्रहण करते हैं। इस प्रकार यह सदन एक स्थायी संस्था है। भारत के उप-राष्ट्रपति राज्य सभा के अध्यक्ष होते हैं। राज्य सभा के सदस्य अपने मध्य से ही एक उप-सभापति का निर्वाचन करते हैं।

'लोक सभा' का निर्वाचन जनता द्वारा पांच वर्ष के लिये किया जाता है। 'लोक सभा' को कार्यकाल समाप्त होने के पूर्व भी भंग किया जा सकता है। अठारह वर्ष की आयु अथवा उससे अधिक आयु वाले समस्त नागरिक मताधिकार का प्रयोग कर सकते हैं। 'लोक सभा' में 552 सदस्यों की व्यवस्था है; इनमें से 550 भौगोलिक मतदान क्षेत्र हैं और दो ऐंग्लो-इंडियन समुदाय के मनोनीत सदस्य होते हैं। सदस्यों की आयु 25 वर्ष से कम नहीं होनी चाहिये। संविधान ने संसद को व्यापक वैधानिक अधिकार प्रदान किये हैं।

## न्यायपालिका

'न्यायपालिका' संविधान की रक्षक है; भारतीय न्याय प्रणाली में सर्वोच्च 'सुप्रीम कोर्ट' है। सुप्रीम कोर्ट में एक चीफ जस्टिस और 25 अन्य जज होते हैं। वे राष्ट्रपति द्वारा नियुक्त किये जाते हैं।

## निष्कर्ष

'भारतीय संविधान' विशेष लचीला है जिसमें आवश्यक संशोधन किये जा सकते हैं। 'भारतीय संविधान' संघीय (Federal) है परन्तु संविधान में शब्द 'एकत्व' (Union) का प्रयोग किया गया है। डॉक्टर अम्बेडकर ने स्पष्ट किया था कि भारतीय संविधान संघीय है परन्तु यह संघ भिन्न-भिन्न राज्यों के आपस में सन्धि करने से अस्तित्व में नहीं उभरा अत: किसी भी प्रदेश को अलग होने का अधिकार नहीं है। संविधान में दिये गये मूल अधिकार केवल छाया मात्र हैं वास्तविक नहीं। संसद को संविधान संशोधन द्वारा मूल-अधिकारों को परिवर्तित करने का अधिकार है।

# परिशिष्ट

## परिशिष्ट–क

## महत्वपूर्ण घटनाओं की कालक्रम सारिणी

(Chronology of Important Events)

1717 ई. फरूखसियर ने अंग्रेजों को हुगली में 3000 रु. वार्षिक पर व्यापारिक फरमान जारी किया;

1757 ई. प्लासी का युद्ध; क्लाइव फोर्ट विलियम का गवर्नर बनना (प्रथम कार्यकाल 1757–1760 ई.);

1764 ई. बक्सर का युद्ध;

1765 ई. क्लाइव की दूसरी गवर्नरी (1765–1767 ई.); बंगाल, बिहार और उड़ीसा की दीवानी कम्पनी को प्राप्त;

1766 ई. कम्पनी को उत्तरी सरकारों का प्रदेश मिला;

1772 ई. वारेन हेस्टिंग्ज़ बंगाल का गवर्नर नियुक्त;

1773 ई. अंग्रेजी संसद ने रेगुलेटिंग एक्ट पारित किया;

1774 ई. वारेन हेस्टिंग्ज़ बंगाल का प्रथम गवर्नर–जनरल बना (1774–1785 ई.); कलकत्ता में उच्चतम न्यायालय स्थापित;

1784 ई. पिट का इण्डिया अधिनियम पारित;

1786 ई. कार्नवालिस बंगाल का गवर्नर–जनरल बना;

1793 ई. बंगाल में स्थायी भूमिकर व्यवस्था; चार्टर एक्ट पारित;

1813 ई. चार्टर अधिनियम पारित;

1833 ई. कम्पनी का व्यापारिक अधिकार समाप्त; नवीन चार्टर अधिनियम पारित; विलियम बेंटिंक भारत के गवर्नर–जनरल बने;

1835 ई. अंग्रेजी, भारतीय प्रशासन की सरकारी भाषा बनी;

1853 ई. नवीन चार्टर एक्ट पारित;

1857 ई. बम्बई, मद्रास और कलकत्ता विश्वविद्यालय स्थापित; महान विद्रोह; भारतीय स्वतंत्रता संग्राम प्रारम्भ;

1858 ई. विद्रोह की समाप्ति; महारानी विक्टोरिया की उद्‌घोषणा, जिसके द्वारा भारत में ईस्ट इण्डिया कम्पनी के शासन की समाप्ति और ब्रिटिश भारत का शासन सीधे ब्रिटिशशाही ताज के अन्तर्गत; गवर्नमेंट ऑफ इण्डिया एक्ट पारित;

1861 ई. इण्डियन कौंसिल एक्ट पारित; इण्डियन हाईकोर्ट एक्ट पारित;

1862 ई. दंड संहिता का प्रचलन; सुप्रीम और सदर अदालतों का हाईकोर्ट में विलय;

1876 ई. इंग्लैण्ड की रानी विक्टोरिया भारत की साम्राज्ञी घोषित;

1877 ई. लार्ड लिटन द्वारा दिल्ली दरबार का आयोजन;

1878 ई. वर्नाक्यूलर प्रेस एक्ट पारित; फैक्ट्ररी एक्ट पारित;

1881 ई. फैक्ट्री एक्ट पारित;

1884 ई. इल्बर्ट बिल पारित;

1885 ई. भारतीय राष्टीय कांग्रेस का बम्बई में प्रथम अधिवेशन; बंगाल का काश्तकारी अधिनियम पारित; स्थानीय स्वशासन अधिनियम पारित;

1891 ई. फैक्ट्री एक्ट पारित; विवाह आयु अधिनियम पारित;

1892 ई. इण्डियन कौंसिल एक्ट पारित जिसके द्वारा भारत में निर्वाचन सिद्धान्त प्रारम्भ;

1900 ई. लैंड ऐलीमिनेशन एक्ट पारित; उत्तर-पश्चिमी सीमांत प्रान्त का गठन;

1904 ई. विश्वविद्यालयों में प्रोफेसर एवं लेक्चरर नियुक्त करने का अधिकार प्रदान करने वाला अधिनियम पारित; सहकारी समिति अधिनियम पारित;

1906 ई. ढाका में मुस्लिम लीग की स्थापना; कांग्रेस द्वारा 'स्वराज' संबंधी घोषणा;

1908 ई. समाचार-पत्र अधिनियम (प्रेस एक्ट) पारित;

1909 ई. इंडियन कौंसिल एक्ट पारित (मार्ले-मिंटो सुधार); गवर्नर-जनरल की कौंसिल के सदस्य के रूप में एस. पी. सिन्हा की नियुक्ति;

1911 ई. दिल्ली दरबार; कलकत्ता से दिल्ली में राजधानी स्थानांतरण की घोषणा;

1912 ई. ब्रिटिश राजधानी कलकत्ता से दिल्ली स्थानांतरित;

1915 ई. भारत प्रतिरक्षा अधिनियम पारित;

1917 ई. ब्रिटिश शासन द्वारा भारत में स्वायत्त शासन की घोषणा; भारत में उत्तरदायी सरकार की स्थापना की घोषणा;

1919 ई. गवर्नमेंट ऑफ इंडिया एक्ट पारित; (मांटेग्यू-चेम्सफोर्ड सुधार); रोलेक्ट एक्ट पारित; जलियांवाला बाग हत्याकाण्ड;

1920 ई. खिलाफत और असहयोग आंदोलन; लार्ड एस. पी. सिन्हा की बिहार और उड़ीसा के गवर्नर के रूप में नियुक्ति;

1923 ई. स्वराज दल का भारतीय विधान परिषदों (कौंसिलों) में प्रवेश;

1925 ई. सिख गुरूद्वारा प्रबन्ध अधिनियम पारित; विट्ठल भाई जे. पटेल केन्द्रीय विधान सभा के प्रथम भारतीय अध्यक्ष के रूप में निर्वाचित;

1926 ई. व्यापार संघ अधिनियम पारित;

1927 ई. भारतीय जल सेना अधिनियम पारित; साइमन कमीशन की नियुक्ति;

1928 ई. साइमन कमीशन का भारत आगमन; नेहरू रिपोर्ट;

1929 ई. शारदा एक्ट पारित; कांग्रेस का लाहौर अधिवेशन (कांग्रेस द्वारा स्वतंत्रता लेने का निश्चय);

1930 ई. जवाहरलाल नेहरू द्वारा पहली जनवरी 1930 ई. को लाहौर में भारतीय स्वतंत्रता का प्रतीक ध्वज फहराया; कांग्रेस का सविनय अवज्ञा आंदोलन प्रारम्भ; गांधीजी की दाण्डी यात्रा व नमक कानून तोड़ना; 26 जनवरी 1930 ई. को सम्पूर्ण देश में स्वतंत्रता शपथ दिवस का आयोजन; प्रथम गोलमेज सम्मेलन;

1931 ई. गांधी-इर्विन समझौता; द्वितीय गोलमेज सम्मेलन;

1932 ई. तृतीय गोलगेज सम्मेलन; कम्युनल अवार्ड की घोषणा एवं पूना समझौता;

1933 ई. श्वेत-पत्र का प्रकाशन; देश में पहली बार 'पाकिस्तान' शब्द का उल्लेख;

1935 ई. गवर्नमेंट ऑफ इंडिया एक्ट पारित;

1937 ई. पहली अप्रैल को प्रान्तीय स्वायत्तता का उद्घाटन;

1939 ई. भारत में प्रादेशिक स्वशासन स्थापित करने की ब्रिटिश घोषणा;

1940 ई. मुस्लिम लीग ने पाकिस्तान का प्रस्ताव पारित किया; अंग्रेजों के अगस्त प्रस्ताव की घोषणा;

1942 ई. क्रिप्स प्रस्ताव; कांग्रेस द्वारा भारत छोड़ो आंदोलन प्रारम्भ;

1944 ई. संवैधानिक गतिरोध को समाप्त करने हेतु गांधी-जिन्नाह वार्ता;

1945 ई. वेवल योजना; संविधान सभा के चुनाव; जवाहरलाल नेहरू के नेतृत्व में अन्तरिम सरकार का गठन; दिल्ली में संविधान सभा का अधिवेशन;

1947 ई. मांउटबेटन योजना; भारत विभाजन की मांउटबेटन द्वारा घोषणा; भारत स्वतंत्रता अधिनियम पारित; 14/15 अगस्त 1947 की मध्य-रात्रि को भारत और पाकिस्तान प्रभुसत्ता सम्पन्न राष्ट्र घोषित;

1948 ई. राष्ट्रपिता महात्मा गांधी की हत्या; 21 जून को चक्रवर्ती राजगोपालाचारी की प्रथम भारतीय गवर्नर-जनरल के रूप में नियुक्ति;

1949 ई. 26 नवम्बर को भारत का नवीन संविधान स्वीकृत और हस्ताक्षरित;

1950 ई. 26 जनवरी को नवीन संविधान क्रियान्वित; डॉ. राजेन्द्र प्रसाद भारत गणराज्य के प्रथम राष्ट्रपति बने; भारतीय राष्ट्रीय योजना आयोग की नियुक्ति;

1951 ई. प्रथम पंचवर्षीय योजना का उद्घाटन;

1952 ई. प्रथम आम चुनाव।

# परिशिष्ट–ख
## गवर्नर, गवर्नर-जनरल एवं वाइसराय

### बंगाल के गवर्नर

| | | |
|---|---|---|
| 1. | क्लाइव (CLIVE) | 1757–1760 ई. |
| 2. | हालवैल (HOLWELL) (स्थानापन्न) | 1760 ई. |
| 3. | वेन्सिटार्ट (VANSITTART) | 1760–1765 ई. |
| 4. | क्लाइव (CLIVE) | 1765–1767 ई. |
| 5. | वेरेल्स्ट (VERELST) | 1767–1769 ई. |
| 6. | कार्टियर (CARTIER) | 1769–1772 ई. |
| 7. | वारेन हेस्टिंग्ज़ (WARREN HASTINGS) | 1772–1774 ई. |

### बंगाल के गवर्नर-जनरल
### (1773 ई. के रेगुलेटिंग एक्ट के अनुसार)

| | | |
|---|---|---|
| 1. | वारेन हेस्टिंग्ज़ (WARREN HASTINGS) | 1774–1785 ई. |
| 2. | सर जॉन मैक्फरसन (स्थानापन्न) (SIR JOHN MACPHERSON) | 1785–1786 ई. |
| 3. | कार्नवालिस (CORNWALLIS) | 1786–1793 ई. |
| 4. | सर जॉन शोर (स्थानापन्न) (SIR JOHN SHORE) | 1793–1798 ई. |
| 5. | सर ए. क्लार्क (स्थानापन्न) (SIR A. CLARKE) | 1798 ई. |
| 6. | वेल्जली (WELLESLEY) | 1798–1805 ई. |
| 7. | कार्नवालिस (CORNWALLIS) | 1805 ई. |
| 8. | सर जार्ज बार्लो (स्थानापन्न) (SIR JEORGE BARLOW) | 1805–1807 ई. |
| 9. | अर्ल ऑफ मिंटो (EARL OF MINTO) | 1807–1813 ई. |
| 10. | मार्क्विस ऑफ हेस्टिंग्ज़ (MARQUESS OF HASTINGS) | 1813–1823 ई. |
| 11. | जॉन एडम्ज़ (स्थानापन्न) (JOHN ADAMS) | 1823 ई. |
| 12. | लार्ड एमहर्स्ट (LORD AMHERST) | 1823–1828 ई. |
| 13. | बेली (BAYLEY) (स्थानापन्न) | 1828 ई. |
| 14. | लार्ड विलियम बैंटिंक (LORD WILLIAM BENTINCK) | 1828–1833 ई. |

## भारत के गवर्नर-जनरल
## (1833 के चार्टर एक्ट के अधीन)

| | |
|---|---|
| 1. लार्ड विलियम बैंटिंक (LORD WILLIAM BENTINCK) | 1833–1835 ई. |
| 2. सर चार्ल्स मैटकाफ (स्थानापन्न) (SIR CHARLES METCALFE) | 1835–1836 ई. |
| 3. ऑकलैण्ड (AUCKLAND) | 1836–1842 ई. |
| 4. एलनबरो (ELLENBOROUGH) | 1842–1844 ई. |
| 5. विलियम विलबरफोर्स बर्ड (स्थानापन्न) (WILLIAM WILBERFORCE BIRD) | 1844 ई. |
| 6. हार्डिंग (HARDINGE) | 1844–1848 ई. |
| 7. डलहौजी (DALHOUSIE) | 1848–1856 ई. |
| 8. लार्ड कैनिंग (LORD CANNING) | 1856–1858 ई. |

## गवर्नर-जनरल तथा वाइसराय
## (1858 के अधिनियम के अधीन)

| | |
|---|---|
| 1. लार्ड कैनिंग (LORD CANNING) | 1858–1862 ई. |
| 2. लार्ड एल्गिन प्रथम (LORD ELGIN I) | 1862–1863 ई. |
| 3. सर रॉबर्ट नेपियर (स्थानापन्न) (SIR ROBERT NAPIER) | 1863 ई. |
| 4. सर विलियम टी. डेनिसन (स्थानापन्न) (SIR WILLIAM T. DENISON) | 1863 ई. |
| 5. सर जॉन लारेन्स (SIR JOHN LAWRENCE) | 1863–1868 ई. |
| 6. अर्ल ऑफ मेयो (EARL OF MAYO) | 1869–1872 ई. |
| 7. सर जॉन स्ट्रेची (स्थानापन्न) (SIR JOHN STRACHEY) | 1872 ई. |
| 8. लार्ड नेपियर (स्थानापन्न) (LORD NAPIER) | 1872 ई. |
| 9. अर्ल ऑफ नार्थब्रुक (EARL OF NORTHBROOK) | 1872–1876 ई. |
| 10. लिटन प्रथम (LITTON I) | 1876–1880 ई. |
| 11. रिपन (RIPON) | 1880–1884 ई. |

12. डफरिन (DUFFERIN) 1884–1888 ई.
13. लेन्सडाउन (LANSDOWNE) 1888–1894 ई.
14. एल्गिन द्वितीय (ELGIN II) 1894–1898 ई.
15. लार्ड कर्जन (LORD CURZON) 1899–1904 ई.
16. लार्ड एम्पिटल (स्थानापन्न) (LORD AMPTHILL) 1904 ई.
17. लार्ड कर्जन (LORD CURZON) 1904–1905 ई.
18. मिंटो द्वितीय (MINTO II) 1905–1910 ई.
19. बैरन हॉर्डिंग (BARON HARDINGE) 1910–1916 ई.
20. बैरन चैम्सफोर्ड (BARON CHELMSFORD) 1916–1921 ई.
21. अर्ल ऑफ रीडिंग (EARL OF READING) 1921–1925 ई.
22. लिटन द्वितीय (स्थानापन्न) <u>(LITTON II)</u> 1925 ई.
23. लार्ड इरविन (LORD IRWIN) 1926–1931 ई.
24. वैलिंगडन (WELLINGDON) 1931–1934 ई.
25. सर जार्ज स्टेनले (स्थानापन्न) (SIR GEORGE STANLEY) 1934 ई.
26. लिनलिथगो (LINLITHGOW) 1934–1936 ई.

**गवर्नर-जनरल तथा क्राउन के प्रतिनिधि (1935 के अधिनियम के अधीन)**

1. लिनलिथगो (LINLITHGOW) 1936–1937 ई.
2. बैरन ब्रेबर्न (स्थानापन्न) (BARON BRABOURNE) 1938 ई.
3. लिनलिथगो (LINLITHGOW) 1938–1943 ई.
4. लार्ड वैवल (LORD WAVELL) 1943–1947 ई.
5. लार्ड मांउटबेटन (LORD MOUNTBATTEN) 1947–1948 ई.
6. चक्रवर्ती राजगोपालाचारी (C. RAJGOPALACHARI) 1948–1950 ई.

**भारतीय गणतंत्र के राष्ट्रपति**

(नवीन संविधान)

डॉ. राजेन्द्र प्रसाद (DR. RAJENDRA PRASAD) 1950–1962 ई.

## परिशिष्ट-ग

# भारतीय राष्ट्रीय कांग्रेस (1885-1948 ई.) के वार्षिक अधिवेशन के स्थल तथा अध्यक्ष

| *वर्ष* | *स्थान* | *अधिवेशन* | *अध्यक्ष* |
|---|---|---|---|
| 1885 ई. | बम्बई | पहला | डब्ल्यू. सी. बनर्जी |
| 1886 ई. | कलकत्ता | दूसरा | दादाभाई नौरोजी |
| 1887 ई. | मद्रास | तीसरा | बद्रउद्दीन तैयबजी |
| 1888 ई. | इलाहाबाद | चौथा | जार्ज यूले |
| 1889 ई. | बम्बई | पांचवा | विलियम वेटरबर्न |
| 1890 ई. | कलकत्ता | छठा | फिरोजशाह मेहता |
| 1891 ई. | नागपुर | सातवां | पी. आनन्द चार्ल |
| 1892 ई. | इलाहाबाद | आठवां | डब्ल्यू. सी. बनर्जी |
| 1893 ई. | लाहौर | नौवां | दादाभाई नौरोजी |
| 1894 ई. | मद्रास | दसवां | वेब |
| 1895 ई. | पूना | ग्यारहवां | सुरेन्द्रनाथ बनर्जी |
| 1896 ई. | कलकत्ता | बारहवां | एम. ए. सयानी |
| 1897 ई. | अमरावती | तेरहवां | एम. सी. शंकरन |
| 1898 ई. | मद्रास | चौदहवां | ए. एम. बोस |
| 1899 ई. | लखनऊ | पन्द्रहवां | रमेशचन्द्र दत्त |
| 1900 ई. | लाहौर | सोलहवां | एन. जी. चन्द्रावरकर |
| 1901 ई. | कलकत्ता | सत्रहवां | दिनशा ई. वाचा |
| 1902 ई. | अहमदाबाद | अठारहवां | सुरेन्द्रनाथ बनर्जी |
| 1903 ई. | मद्रास | उन्नीसवां | लालमोहन घोष |
| 1904 ई. | बम्बई | बीसवां | सर हेनरी कॉटन |
| 1905 ई. | वाराणसी | इक्कीसवां | गोपाल कृष्ण गोखले |
| 1906 ई. | कलकत्ता | बाइसवां | दादाभाई नौरोजी |
| 1907 ई. | सूरत | तेइसवां | रास बिहारी घोष |
| 1908 ई. | मद्रास | तेइसवां | रास बिहारी घोष |

**नोट**- (सूरत में अधिवेशन में गड़बड़ी हो गई थी अत: तेइसवां अधिवेशन पुन: मद्रास में आयोजित किया गया था।)

| | | | |
|---|---|---|---|
| 1909 ई. | लाहौर | चौबीसवां | मदनमोहन मालवीय |
| 1910 ई. | इलाहाबाद | पच्चीसवां | सर विलियम वेडरबर्न |
| 1911 ई. | कलकत्ता | छब्बीसवां | विशन नारायण धर |
| 1912 ई. | बाँकीपुर | सत्ताइसवां | आर. एन. मुधोकर |
| 1913 ई. | कराची | अट्ठाइसवां | नवाब सैयद मुहम्मद |
| 1914 ई. | मद्रास | उन्तीसवां | भुपेन्द्रनाथ बसु |
| 1915 ई. | बम्बई | तीसवां | एस. पी. सिन्हा |
| 1916 ई. | लखनऊ | इकतीसवां | अम्बिका चरण मजुमदार |
| 1917 ई. | कलकत्ता | बत्तीसवां | श्रीमती एनी बिसेन्ट |
| 1918 ई. | दिल्ली | तैंतीसवां | मदनमोहन मालवीय |
| 1919 ई. | अमृतसर | चौंतीसवां | मोतीलाल नेहरू |
| 1920 ई. | अहमदाबाद | पैंतीसवां | हकीम अजमल खां |
| 1921 ई. | अहमदाबाद | छत्तीसवां | सी. आर. दास |
| 1922 ई. | गया | सैंतीसवां | सी. आर. दास |
| 1923 ई. | काकिनाडा | अड़तीसवां | मौलाना मुहम्मद अली |
| 1924 ई. | बेलगाम | उन्तालीसवां | महात्मा गांधी |
| 1925 ई. | कानपुर | चालीसवां | सरोजिनी नायडू |
| 1926 ई. | गुवाहाटी | इकतालीसवां | एस. श्रीनिवास आयंगार |
| 1927 ई. | मद्रास | बयालीसवां | एम. ए. अन्सारी |
| 1928 ई. | कलकत्ता | तैंतालीसवां | मोतीलाल नेहरू |
| 1929 ई. | लाहौर | चौवालिसवां | जवाहरलाल नेहरू |
| 1931 ई. | कराची | पैंतालिसवां | वल्लभभाई पटेल |
| 1932 ई. | दिल्ली | छियालिसवां | अमृत रणछोड़दास सेठ |
| 1933 ई. | कलकत्ता | सैंतालिसवां | श्रीमती नेल्ली सेनगुप्ता |
| 1934 ई. | बम्बई | अड़तालिसवां | डॉ. राजेन्द्र प्रसाद |
| 1936 ई. | लखनऊ | उन्चासवां। | जवाहरलाल नेहरू |
| 1937 ई. | फैजपुर | पचासवां | जवाहरलाल नेहरू |

| | | | |
|---|---|---|---|
| 1938 ई. | हरिपुर | इक्यावनवां | सुभाषचन्द्र बोस |
| 1939 ई. | त्रिपुरी | बावनवां | सुभाषचन्द्र बोस |
| 1940 ई. | रामगढ़ | तिरपनवां | मौलाना अबुल कलाम आजाद |

**नोट**- 1941-1945 ई. के मध्य कांग्रेस को गैर कानूनी संगठन घोषित कर दिया गया था तथा सभी कांग्रेसी नेता बन्दी बना लिये गये थे। अतः इस बीच कोई अधिवेशन आयोजित नहीं हुआ।

| | | | |
|---|---|---|---|
| 1946 ई. | मेरठ | चौवनवां | आचार्य जे. बी. कृपलानी |
| 1948 ई. | जयपुर | पचपनवां | डॉ. पट्टाभि सीतारमैया |

# परिशिष्ट-घ

## प्रमुख पत्र एवं पत्रिकायें

| पत्र/पत्रिका | वर्ष | स्थान | संस्थापक/संपादक |
|---|---|---|---|
| 1. बंगाल गजट (भारत का प्रथम पत्र) | 1780 ई. | कलकत्ता | जेम्स अग्सटस हिक्की |
| 2. कलकत्ता जर्नल | 1818 ई. | कलकत्ता | जेम्स सिल्क बकिंघम |
| 3. मिरात-उल-अखबार (फारसी का प्रथम पत्र) | 1822 ई. | कलकत्ता | राम मोहन राय |
| 4. रस्त गोफ्तार (गुजराती का प्रथम पत्र) | 1851 ई. | बम्बई | दादाभाई नौरोजी |
| 5. हिन्द पैट्रियट | 1853 ई. | कलकत्ता | गिरीश चन्द्र घोष |
| 6. सोम प्रकाश | 1858 ई. | कलकत्ता | ईश्वरचन्द्र विद्यासागर |
| 7. इंडियन मिरर | 1862 ई. | कलकत्ता | देवेन्द्रनाथ टैगोर |
| 8. इंदु प्रकाश | 1862 ई. | बम्बई | रानाडे |
| 9. कविवचन सुधा | 1867 ई. | वाराणसी | भारतेंदु हरिशचंद्र |
| 10. अमृतबाजार पत्रिका | 1868 ई. | कलकत्ता | मोती लाल घोष एवं शिशिर कुमार घोष |
| 11. बंगदर्शन | 1873 ई. | कलकत्ता | बंकिमचंद्र चटर्जी |
| 12. स्टेट्समैन | 1875 ई. | कलकत्ता | रॉबर्ट नाइट |
| 13. हिन्दु | 1878 ई. | मद्रास | वीर राघवाचार्य एवं जी. एस. अय्यर |
| 14. मराठा | 1881 ई. | बम्बई | केलकर एवं तिलक |
| 15. केसरी | 1881 ई. | बम्बई | आगरकर, तिलक एवं चिपलुंकर |
| 16. युगांतर | 1906 ई. | कलकत्ता | वारिन्द्र कुमार घोष एवं भूपेन्द्र नाथ दत्त |
| 17. प्रताप | 1910 ई. | कानपुर | गणेश शंकर विद्यार्थी |
| 18. अल हिलाल | 1912 ई. | कलकत्ता | अबुल कलाम आजाद |
| 19. कॉमनवील | 1915 ई. | मद्रास | एनीबेसेंट |
| 20. यंग इंडिया | 1916 ई. | बम्बई | महात्मा गांधी एवं इन्दुलाल याज्ञिक |

## परिशिष्ट-च

## कांग्रेस से पूर्व के राष्ट्रीय संगठन

| *संगठन के नाम* | *संस्थापक* | *वर्ष* | *स्थान* |
|---|---|---|---|
| 1. लैण्ड होल्डर्स सोसायटी | द्वारकानाथ टैगोर | 1838 ई. | कलकत्ता |
| 2. ब्रिटिश इंडिया सोसायटी | विलियम एडम | 1839 ई. | लन्दन |
| 3. ब्रिटिश इंडिया एसोसिएशन | द्वारकानाथ टैगोर | 1851 ई. | कलकत्ता |
| 4. बम्बई एसोसिएशन | जगन्नाथ शंकर सेठ | 1852 ई. | बम्बई |
| 5. ईस्ट इंडिया एसोसिएशन | दादाभाई नौरोजी | 1866 ई. | लन्दन |
| 6. इंडियन एसोसिएशन | आनन्द मोहन बोस और सुरेन्द्रनाथ बनर्जी | 1876 ई. | कलकत्ता |
| 7. बम्बई प्रेसीडेंसी एसोसिएशन | फिरोजशाह मेहता, के. टी. तैलंग, बद्रुद्दीन तैयबजी | 1885 ई. | बम्बई |

# परिशिष्ट-छ

## डलहौजी द्वारा विलय किये गये राज्य

| *राज्य* | *वर्ष* |
|---|---|
| 1. सतारा | 1848 ई. |
| 2. जैतपुर, संभलपुर | 1849 ई. |
| 3. बघाट | 1850 ई. |
| 4. उदयपुर | 1852 ई. |
| 5. झांसी | 1853 ई. |
| 6. नागपुर | 1854 ई. |
| 7. करौली | 1855 ई. |
| 8. अवध | 1856 ई. |

# संदर्भ-ग्रन्थ

अग्रवाल, आर. एन., *नेशनलिस्ट मूवमेंट एण्ड कॉन्स्टिट्यूशनल डेवलपमेंट ऑफ इंडिया।*

अप्पादोराइ, ए., *डायर्की इन प्रैक्टिस।*

अहलूवालिया, एम. एम., *फ्रीडम स्ट्रगल इन इंडिया।*

कीथ, ए. बी., *कॉन्स्टिट्यूशनल हिस्ट्री ऑफ इंडिया।*

कूपलैण्ड, आर., *दि इंडियन प्राब्लम (1833-1935)।*

गुप्त, एम. एल., *कॉन्स्टिट्यूशनल डेवलपमेंट ऑफ इंडिया।*

घोष, पी. सी., *दि डेवलपमेंट ऑफ इंडियन नेशनल कांग्रेस।*

चिन्तामणि, सी. वाई., *इंडियन पोलिटिक्स सिन्स म्युटिनी।*

जकारिया, एच., *रिनेसंस इंडिया।*

जोशी, जी. एन., *दि न्यू कॉन्स्टिट्यूशन ऑफ इंडिया।*

ताराचन्द, *हिस्ट्री ऑफ फ्रीडम मूवमेंट इन इंडिया* (भाग 1, 2)।

देसाई, ए. आर., *सोशल बैकग्राउंड ऑफ इंडियन नेशनलिज्म।*

पणिक्कर, के. एम., *फाउन्डेशन ऑफ न्यू इंडिया।*

———, *आइडियाज ऑफ सावरेण्टी एण्ड स्टेट इंडियन पालिटिकल थॉट।*

प्रसाद, राजेन्द्र, *इंडिया डिवाइडेड।*

प्रसाद, विश्वेसर, *दि ओरिजिंस ऑफ प्राविंसियल ऑटोनॉमी।*

बनर्जी, ए. सी., *इंडियन कॉन्स्टिट्यूशनल डाक्यूमेंट्स।*

मेनन, वी. पी., *दि ट्रांसफर ऑफ पावर इन इंडिया।*

शर्मा, एस. आर., *दि कॉन्स्टिट्यूशन ऑफ इंडिया।*

शास्त्री, लाल बहादुर, *दि मुस्लिम लीग।*

सिंह, जी. एन., *लैंडमार्क्स इन इंडियन कॉन्स्टिट्यूशनल एण्ड नेशनल डेवलपमेंट।*

सीतारमय्या, पट्टाभि, *हिस्ट्री ऑफ इंडियन नेशनल कांग्रेस* (भाग 1, 2)।